财政部规划教材
"十三五"普通高等教育规划教材
"创赢未来"大学生创新创业教育系列规划教材

创新创业基础

王　峰　向海斌　主编

中国财经出版传媒集团
中国财政经济出版社

图书在版编目（CIP）数据

创新创业基础／王峰，向海斌主编 . —北京：中国财政经济出版社，2019.1

财政部规划教材 "十三五"普通高等教育规划教材 "创赢未来"大学生创新创业教育系列规划教材

ISBN 978 – 7 – 5095 – 8758 – 4

Ⅰ.①创… Ⅱ.①王…②向… Ⅲ.①创业 – 高等学校 – 教材 Ⅳ.①F241.4

中国版本图书馆 CIP 数据核字（2018）第 299431 号

责任编辑：蔡 宾 王 祎　　　　　　责任校对：张 凡
封面设计：陈宇琰

中国财政经济出版社 出版

URL：http：//www.cfeph.cn
E – mail：cfeph@cfeph.cn

（版权所有　翻印必究）

社址：北京市海淀区阜成路甲 28 号　邮政编码：100142
营销中心电话：010 – 88191537
北京富生印刷厂印刷　各地新华书店经销
787×1092 毫米　16 开　10.25 印张　244 000 字
2019 年 2 月第 1 版　2020 年 1 月北京第 3 次印刷
定价：30.00 元
ISBN 978 – 7 – 5095 – 8758 – 4
（图书出现印装问题，本社负责调换）
本社质量投诉电话：010 – 88190744
打击盗版举报热线：010 – 88191661　QQ：2242791300

"创赢未来"大学生创新创业教育系列规划教材
编 委 会

编委会主任： 王学军（兰州财经大学副校长）

编委会成员： 王　峰　党建宁　许云斐　向海斌　王敏凤
　　　　　　　卢世军　秦文进　车红岩　颜为民

前　言

在普通高等学校开展创业教育，是加快转变经济发展方式、建设创新型国家和人力资源强国的战略举措，是深化高等教育教学改革、提高人才培养质量、促进大学生全面发展的途径，是落实以创业带动就业、促进高校毕业生充分就业的重要举措。

为了进一步响应国家"大众创业、万众创新"的号召，提高人才培养质量、促进大学生全面发展，满足创新创业通识教育的新需求，我们围绕创新创业基础课程的教学目标及教学要求，并参考了大量的创新创业类教材和研究著作，编写了本书。

本书重点介绍了创新创业的基础知识，包括创新思维与创新技法；创业团队；创业机会与创业风险；创业商业模式；创业计划书的编写等。

大学生通过本书的学习，可以引导自身主动适应国家经济社会发展和人的全面发展需求，初步掌握创业所需要具备的基本知识；树立科学的创新创业意识和观念，培养和提高学生的创业能力；激发学生创业动力，为大学生今后的职业生涯发展，成为工作岗位的创造者和职业的创造者、实现职业发展目标提供有力支持。

本书为财政部"创赢未来"大学生创新创业教育系列规划教材之一，全书由王峰、向海斌担任主编，卢世军、秦文进、颜为民、慕丹、王多仁、杨国镯参编。其中第一章由慕丹编写；第二章由秦文进编写；第三章由王多仁编写；第四章由颜为民编写；第五章由向海斌编写；第六章由杨国镯编写；第七章由卢世军编写，王峰负责全书的总纂与定稿。

本书的编写得到了中国财政经济出版社的大力支持，在此表示感谢！由于编写时间仓促，书中的疏漏和不足之处在所难免，敬请广大读者给予批评指正，以使本书不断充实和完善。

编者

2018 年 12 月

目　录

第一章　绪论 …………………………………………………………………（ 1 ）
　　第一节　什么是创新创业 ……………………………………………（ 1 ）
　　第二节　我国市场主体创新创业活动的现状 ………………………（ 4 ）
　　第三节　我国开展创新创业教育的必要性 …………………………（ 5 ）

第二章　创造性思维和方法 …………………………………………………（ 10 ）
　　第一节　创造性思维的含义和特征 …………………………………（ 10 ）
　　第二节　创造性思维的过程 …………………………………………（ 15 ）
　　第三节　扩散思维与集中思维 ………………………………………（ 19 ）
　　第四节　正向思维与逆向思维 ………………………………………（ 22 ）
　　第五节　侧向思维与转向思维 ………………………………………（ 25 ）
　　第六节　动态思维与超前思维 ………………………………………（ 27 ）
　　第七节　分离思维与合并思维 ………………………………………（ 30 ）
　　第八节　想象思维 ……………………………………………………（ 33 ）
　　第九节　奥斯本检核表法 ……………………………………………（ 36 ）
　　第十节　对奥斯本检核表法的改进 …………………………………（ 38 ）
　　第十一节　智力激励法 ………………………………………………（ 44 ）
　　第十二节　对智力激励法的改进 ……………………………………（ 47 ）
　　第十三节　特性列举法和缺点列举法 ………………………………（ 53 ）
　　第十四节　其他创新技法 ……………………………………………（ 56 ）

第三章　创新创业团队 ………………………………………………………（ 60 ）
　　第一节　团队及构成要素 ……………………………………………（ 60 ）
　　第二节　团队的类型及组织形式 ……………………………………（ 64 ）
　　第三节　创新型团队 …………………………………………………（ 74 ）
　　第四节　创新型团队的建设 …………………………………………（ 79 ）
　　第五节　创新团队建设中需注意的问题 ……………………………（ 92 ）
　　第六节　创新创业团队管理的技巧与成功的条件 …………………（ 94 ）

第四章 创新创业机会的识别与评估 …………………………………………（ 98 ）
第一节 机会识别与风险防范 ……………………………………………（ 98 ）
第二节 机会的外部环境分析 ……………………………………………（101）
第三节 机会的特征要素分析 ……………………………………………（105）
第四节 机会的评估筛选 …………………………………………………（108）

第五章 商业模式 ……………………………………………………………（112）
第一节 商业模式的概念与类型 …………………………………………（112）
第二节 商业模式的构成要素 ……………………………………………（114）
第三节 商业模式的设计方法——商业模式画布 ………………………（116）

第六章 创业资源 ……………………………………………………………（125）
第一节 创业资源概述 ……………………………………………………（125）
第二节 创业融资 …………………………………………………………（131）

第七章 创业计划书 …………………………………………………………（141）
第一节 什么是创业计划 …………………………………………………（141）
第二节 创业计划的益处 …………………………………………………（141）
第三节 如何精心构思创业计划 …………………………………………（142）
第四节 创业计划的组成部分 ……………………………………………（146）
第五节 创业计划的推介 …………………………………………………（151）
第六节 案例讨论：创业计划书分析 ……………………………………（151）

第一章

绪　论

第一节　什么是创新创业

作为一种国家战略，如何实施创新驱动来推动我国的发展，把我国建设成为一个创新型国家？无论是转变经济结构，还是经济发展转型以及实施新的管理模式，无论是在理论还是实践方面，创业与创新都是相互联系的，两者很难截然分开。创新型创业是实现这一目标不可缺少的步骤，也是创业的重要意义之一。

一、创新创业的含义

什么是创新？人们对于创新概念的理解最早主要是从技术与经济相结合的角度，探讨技术创新在经济发展过程中的作用，主要代表人物是现代创新理论的提出者约瑟夫·熊彼特，其在1912年出版的《经济发展理论》一书中第一次提出技术创新理论。他将技术创新定义为"生产要素的重新组合"。其形式有：引入一种新的产品或提供一种新产品的新质量；采用一种新的生产方法；开辟一个新的市场，获得一种原料或半成品的新的供给来源；采取一种新的企业组织方式。"创新"一词，在我国最早见于《魏书》："革弊创新者，先皇之志也。"这主要是指制度方面的改革、变革、革新和改造，并不包括科学技术的创新。从企业管理的角度来说，创新就是一种新的思想的产生到首次商业化的过程。创新就是美好的梦想加上有效的实施，并导致价值创造。通用电气（GE）2018年发布的《GE全球创新风向标调查报告》调查结果表明，包括中国企业家在内的全球商业领袖对于创新有着更为清楚的认识，也更自信能够推动企业在创新方面的发展。报告反映出中国企业家对于创新的积极态度，以及对于中国创新环境改进的认同。随着中国逐步将创新作为经济增长的主要驱动力，理解如何在当前全球复杂经济形势下应对创新所带来的挑战显得尤为重要。创新主要通过健康质量、环境质量、能源安全和教育机会等四个方面改善人类的生活。

谈到创新，人们容易把创新与发明、研究开发等技术活动混淆起来。创新不同于发明，发明是一个技术上的概念，其结果是发现一件新事物。创新则主要是一种经济术语，是将新事物、新思想付诸实践的过程。美国小企业管理局对创新的定义是一种过程，这一过程始于发明成果，重点是对发明的利用和开发，结果是向市场推出新的产品或服务。这一定义有助于人们更好地理解和把握创新与发明的区别。创新与发明之间并不存在某种必然的联系。创新过程可能始于发明，也可能根本不依赖于某种特定发明，而是对目前的活动进行全新组合。正如熊彼特所说："创新同发明是完全不同的任务，要求具有完全不同的才能。尽管企业家自然可能是发明家，就像他们可能是资本家一样，但他们之所以是发明家并不是由于他们的职能的性质，而只是由于一种偶然的巧合，反之亦然"。

创业是一种存在已久的社会现象，它的解释与定义也是随着时代的发展而发展的。目前，人们定义创业是创业者通过发现和识别商业机会，在资源缺乏的情况下组织各种资源，提供产品和服务，以创造价值的过程。创业要求创业者贡献出时间、付出努力，承担相应的财务的、精神的和社会的风险，并获得金钱的回报、个人的满足和独立自主。创业涉及科技创业、社会创业以及创新和创业的组织化整合管理等问题。创业是国际上管理科学研究的前沿领域。创业学科是一项涉及多部门、多学科的系统工程。约瑟夫·熊彼特在1934年曾说："创业，首先要有一个梦想和创建个人王国甚至王朝的意愿，尽管这不一定是必需的；其次，要有一种征服的欲望，即战斗的冲动，为了证明自己比其他人强大，为了寻求成功，不在意成功带来的结果，而在乎成功的过程；最后，要能在创新、胜任某项工作或是运用自己能力和智慧的过程中体会到愉悦感，这些人寻找困难，为了改变而改变，在创业中自得其乐。从上述角度讲，经济上的活动和体育运动之间有了某种类似性。经济上的最终收益只是次要的问题，或者说其价值主要在于成功的标志和胜利的象征，这些展示更重要的作用通常在于激发创业者投入更多的精力，而不只是致力于产品本身。Gartner（1985）提出了个人、组织、创立过程和环境的创业管理模式；提出了由人、机会、环境、风险和报酬等要素构成的创业管理概念框架，以及由机会、创业团队和资源组成的创业管理理论模型。

二、创业的分类

创业的类型可以划分为：生存型创业与创新型创业、创业与企业内部创业、经济创业与社会创业等。

（一）生存型创业与创新型创业

（1）生存型创业是创业者为了生存，没有其他选择而无奈进行的创业，显示出了创业者的被动性。生存型创业的特征主要体现在以下方面：

①生存型创业面对的是现有的市场，最常见的是在现有市场中捕捉机会，表现出创业市场的现实性。

②生存型创业从事的是技术壁垒低、不需要很高技能的行业。

③生存型创业受生活所迫，物质资源贫乏，从事低成本、低门槛、低风险、低利润的创业，往往无力用工。

在我国所有创业活动中，生存型创业占据大多数。这一类创业起点较低，创业者大部分文化水平不高，创业项目也主要集中在餐饮副食、百货等微利行业，创业目的大多仅仅是为了养家糊口、补贴家用。但是，社会效应明显，它不仅能解决自身的就业问题，经营状况较好的还能聘请员工，带动他人就业。

（2）创新型创业是指创业者建立新的市场和顾客群，突破传统的经营理念，通过自身的创造性活动引导新市场的开发和形成，通过培育市场来营造商机，不断满足顾客的现有需求以及开发其潜在需求，逐步建立起顾客的忠诚度和对企业的依赖，为经济社会的全面进步提供巨大的源动力的一类创业模式。创新型创业分为以下两种类型：

①技术驱动型创业。技术驱动型创业是指创业者以自己拥有的专业特长或已有技术成果为核心竞争力来进行的创业活动。创业者具备某一专业（技术）特长，或研制成功一项新产品、新工艺，同时发现潜在市场或利润空间，将拥有的专长或技术发明发展成新创企业，并成功推向市场。也可以说，技术驱动型创业是创造市场价值的机会型创业，但难点在于组织创新，风险投资对其支持非常重要。

②创意驱动型创业。创意驱动型创业是指创业者根据全新的运营理念或创新构想，探索新的经营模式的创业活动。此类创业模式是所有创业模式中难度最大的一类，但是一旦成功将拥有先发者优势。如果在创业过程中相关互补性资源迅速跟进，可以成为新辟市场的领导者，拥有标准和价格制定权。此类创业需要创业者具有敏锐的市场眼光、独特的个性特征和旺盛的创业欲望，善于洞察商业机会并敢于冒险，是一种开创性价值创造型创业。

（二）创业与企业内部创业

创业是创业者通过发现和识别商业机会，在资源缺乏的情况下组织各种资源，提供产品和服务，以创造价值的过程。创业者一般在外部环境中创业，这里的外部环境包括政治环境、经济环境、行业环境和社会文化环境。但组织或公司本身也可以进行创业。企业内部创业，包括公司创业，它是一种借势发挥的创业。这种创业一般是由一些有创业意向的企业员工发起，在企业的支持下承担企业内部某些业务内容或工作项目，进行创业并与企业分享成果的创业模式。这种激励方式不仅可以满足员工的创业欲望，同时也能激发企业内部活力，改善内部分配机制，是一种员工和企业双赢的管理制度。2000 年，深圳华为集团为了解决机构庞大和老员工问题、鼓励内部创业，将华为非核心业务与服务业务，如生产、公交、餐饮业以内部创业方式社会化，先后成立了广州市鼎兴通讯技术有限公司，深圳市华创通公司等。这些内创公司依托华为强大的经济实力与市场占有率为其产品提供相关技术服务，同时也成就了企业内部优秀员工的创业梦。

（三）经济创业与社会创业

经济创业是创业者通过创造与把握机会，创立自己的事业，提供产品和服务，以创造经济价值的过程。关于社会创业，从理论上来说，它是一种通过创业为社会增加价值的过程。社会创业由一个"群构念"组成，如社会价值创造、社会创业者、市场导向、社会创新等，这个观点最早的提出者是莫德等（Mortetal，2003）。他们认为社会创业是一个多维构念，包括提供创业的善意来实现社会愿景、实现社会价值创造机会的能力，以及创新、先动性和风险承担的决策特性。社会创业涉及很多内容和变量，但其核心内容与变量使创新与减少贫穷、环境保护与优化，以及可持续发展这三个维度有关。社会创业就是要通过创业的途径来推动以上三个方面的发展，为我们的社会进步增加价值与传递正能量。

第二节 我国市场主体创新创业活动的现状

一、我国创业环境总体提升

据 2014 年《全球创业观察中国报告：创业环境与政策》调查显示，2002~2012 年间，中国创业环境条件总体上在逐步提升，创业环境综合指数从 2002 年的 2.69（满分是 5 分）提高到 2012 年的 2.8，在参加全球创业观察的 69 个国家和地区中排在第 36 位，居于中游水平。相对于排在前面的瑞士、芬兰、美国、新加坡等国家，还有较大差距。衡量创业环境的主要条件有 9 个方面，分别是金融支持、政府政策、政府项目、创业教育和培训、研究开发转移、商业环境、市场开放程度、有形基础设施、文化和社会规范。其中中国的创业环境条件在金融支持、政府项目、创业教育与培训、商务环境这几个方面的条件亟须改善。

二、我国创业活动日益活跃

改革开放以来，创业在我国已经成为一股潮流，中小企业迅速崛起，对社会经济的影响也越来越明显。据近几年全球创业观察研究（GEM）的《全球创业观察中国报告》显示，中国创业活动的活跃程度始终保持较高水平，中国的全员创业活动指数在参加全球创业观察的成员国中名列前茅。报告显示，2002~2011 这 10 年间，在参与全球创业观察的 60 多个国家和地区中，中国的创业排名已从 2002 年的 11 名提升到第 2 名，中国已成为全球创业活动最活跃的地方之一。在创业活跃程度的全员创业活动指数方面，中国从 10 年前的 12.3%增至 2011 年的 24%。其中，女性创业活动指数为 22.4%，排名第二，表明中国女性创业更活跃。

三、我国创业活动的特征

近年来，我国创业活动表现出如下特征：一是创业企业在产品创新和工艺创新方面与其他发展中国家相比仍然处于较低水平；二是未来几年能够创造出较多就业机会的创业企业在我国的比例较高，处于发展中国家的前列；三是在创业活动的国际导向方面，我国创业企业一直以国内客户为主要的服务对象，国际化程度处于发展中国家后列；四是高学历创业者的创业效应显著。与此同时，我国创业活动虽然以机会型创业为主，但是创业活动的质量不高，高学历创业者少，在全球的排名落后；而创业活动较多集中于低技术行业，以利用劳动力成本优势为主，尽管能够创造一定的就业机会，但对长期的经济增长和出口的贡献相对不足。

四、工商注册登记制度改革效果显著

不再限制公司最低注册资本等注册登记制度的改革措施，最大限度地降低了公司注册

"门槛"和创业成本,大大激发了民间创业投资热情,市场主体发展增速显著。据统计,商事制度改革实施后,2014年3月至12月,全国新注册登记市场主体1146.69万户,同比增长16.82%,注册资本18.53万亿元,同比增长85.83%。其中,企业323.51万户,同比增长48.76%,注册资本17.07万亿元,同比增长97.09%。平均每天新注册登记企业1.06万户。

第三节 我国开展创新创业教育的必要性

就业是民生之本,创业是就业之源。随着我国需要就业的人数逐年攀升,劳动力市场供给过剩问题愈演愈烈,促进就业成为了保障社会安定、经济稳定增长的重要前提。为此,开展创业教育已经不仅仅是教育部或某个高校所应倡导的问题,而是已经变成一种国家意志在加以实施和推广的问题。

一、相关政策引导和推动

(一)十七大关于促进以创业带动就业的政策指导

2007年10月15日,在北京召开的中国共产党第十七次全国代表大会上的报告中指出,"要实施扩大就业的发展战略,促进以创业带动就业……完善支持自主创业、自谋职业政策,加强就业观念教育,使更多劳动者成为创业者……"。

(二)人力资源社会保障部等部门关于促进以创业带动就业工作指导意见

为贯彻落实党的十七大提出的"实施扩大就业的发展战略,促进以创业带动就业"的总体部署,人力资源和社会保障部等部门在《促进以创业带动就业工作指导意见》中,从"完善扶持政策、改善创业环境"两方面提出,要放宽市场准入条件,改善行政管理,强化政策扶持,拓宽融资渠道。

(三)十八大关于促进以创业带动就业的政策指导

2012年11月8日,在北京召开的中国共产党第十八次全国代表大会上的报告中指出,"要推动实现更高质量的就业。就业是民生之本。要贯彻劳动者自主就业、市场调节就业、政府促进就业和鼓励创业的方针,实施就业优先战略和更加积极的就业政策。引导劳动者转变就业观念,鼓励多渠道多形式就业,促进创业带动就业……加强职业技能培训,提升劳动者就业创业能力,增强就业稳定性……"。

(四)十八届三中全会关于促进以创业带动就业的政策指导

十八届三中全会提出,"要健全促进就业创业体制机制……完善扶持创业的优惠政策,形成政府激励创业、社会支持创业、劳动者勇于创业新机制。完善城乡均等的公共就业创业服务体系,构建劳动者终身职业培训体系……实行激励高校毕业生自主创业政策,整合发展国家和省级高校毕业生就业创业基金等"。

（五）教育部关于开展创业教育和激励高校毕业生自主创业的政策

2010年，教育部在《关于大力推进高等学校创新创业教育和大学生自主创业工作的意见》中指出，"要大力推进高等学校创新创业教育工作，加强创业基地建设，打造全方位创业支撑平台，进一步落实和完善大学生自主创业扶持政策，加强创业指导和服务工作，加强领导，形成推进高校创业教育和大学生自主创业的工作合力"。

2012年，教育部办公厅关于印发《普通本科学校创业教育教学基本要求（试行）》的通知中指出，"在普通高等学校开展创业教育，是服务国家加快转变经济发展方式、建设创新型国家和人力资源强国的战略举措，是深化高等教育教学改革、提高人才培养质量、促进大学生全面发展的重要途径，是落实以创业带动就业、促进高校毕业生充分就业的重要措施……各地各高校要按照要求，结合本地本校实际，精心组织开展创业教育教学活动，增强创业教育的针对性和实效性"。

2014年，教育部公布的《2014年国家鼓励高校毕业生就业创业新政策》中指出，"2014～2017年，在全国范围内实施大学生创业引领计划。通过提供创业服务，落实创业扶持政策，提升创业能力，帮助和扶持更多高校毕业生自主创业，逐步提高高校毕业生创业比例。各地要采取措施，确保符合条件的高校毕业生都能得到创业指导、创业培训、工商登记、融资服务、税收优惠、场地扶持等各项服务和政策优惠。各高校要广泛开展创新创业教育，将创业教育课程纳入学分管理，有关部门要研发适合高校毕业生特点的创业培训课程，根据需求开展创业培训，提升高校毕业生创业意识和创业能力"。

（六）注册登记制度改革促进创业的政策

最低注册资本是许多创业者初入商海面临的一大难题。为进一步放松对市场主体准入的管制，降低准入门槛，促进市场主体加快发展，激发我国的社会创业积极性，2014年2月国务院印发的《注册资本登记制度改革方案的通知》放宽了注册资本登记条件。除法律、行政法规以及国务院决定对特定行业注册资本的最低限额另有规定外，取消有限责任公司最低注册资本3万元、一人有限责任公司最低注册资本10万元、股份有限公司最低注册资本500万元的限制。不再限制公司设立时全体股东（发起人）的首次出资比例；不再限制公司全体股东（发起人）的货币出资金额占注册资本的比例；不再规定公司股东（发起人）缴足出资的期限；公司实收资本不再作为工商登记事项，公司登记时，无需提交验资报告。

（七）国务院办公厅印发《关于深化高等学校创新创业教育改革的实施意见》

2015年5月4日，国务院办公厅印发《关于深化高等学校创新创业教育改革的实施意见》（以下简称《意见》），全面部署深化高校创新创业教育改革工作。《意见》指出，深化高等学校创新创业教育改革，是国家实施创新驱动发展战略、促进经济提质增效升级的迫切需要，是推进高等教育综合改革、促进高校毕业生更高质量创业就业的重要举措。各地区、各高校要落实立德树人的根本任务，主动适应经济发展新常态，以推进素质教育为主题，以提高人才培养质量为核心，以完善条件和政策保障为支撑，促进高等教育与科技、经济、社会紧密结合，加快培养规模宏大、富有创新精神、勇于投身实践的创新创业人才队伍。

二、国家领导人对创业的高度重视

面对我国严峻的就业形势，国家领导人高度重视以创业带动就业。在多次谈话及工作报告中强调要加大对创业的扶持力度，营造良好创业环境，培养艰苦创业精神，促进以创业带动就业，以缓解我国就业压力。

（一）习近平总书记对青年创业的殷切希望

2013年11月8日，习近平总书记致2013年全球创业周中国站活动组委会的贺信指出：青年是国家和民族的希望，创新是社会进步的灵魂，创业是推动经济社会发展、改善民生的重要途径。青年学生富有想象力和创造力，是创业的有生力量。以"创业梦、中国梦"为主题，传播创业文化，分享创业经验，弘扬创业精神，有利于激励更多青年特别是青年学生开启创业理想、开展创业活动，为实现中华民族伟大复兴的中国梦贡献力量。

（二）李克强总理强调优化就业创业环境

2014年3月5日，十二届全国人大二次会议上李克强总理代表国务院向大会作政府工作报告中指出：就业是民生之本。坚持实施就业优先战略和更加积极的就业政策，优化就业创业环境，以创新引领创业，以创业带动就业。

2014年，李克强总理在出席第八届夏季达沃斯论坛致辞时表示：中国经济每一次破茧成蝶，靠的都是创新……打破一切体制机制的障碍，让每个有创业愿望的人都拥有自主创业的空间，让创新创造的血液在全社会自由流动，让自主发展的精神在全体人民中蔚然成风。借改革创新的"东风"，在960万平方公里土地上掀起一个"大众创业""草根创业"的新浪潮，中国人民勤劳智慧的"自然禀赋"就会充分发挥，中国经济持续发展的"发动机"就会更新换代升级。

2014年11月15日，国务院总理李克强主持召开的国务院常务会议强调，要大力减轻企业特别是小微企业负担，降低大众创业成本，加快万众创新步伐，要在着力落实好定向减税政策的同时，实施普遍性降费。要积极支持云计算与互联网、移动互联网等融合发展，催生基于云计算的在线研发设计、教育医疗、智能制造等新业态。支持云计算关键技术研发和重大项目建设，让数据"云"助力创业兴业、便利千家万户。

2015年1月28日，李克强主持召开国务院常务会议指出：顺应网络时代推动大众创业、万众创新的形势，构建面向人人的"众创空间"等创业服务平台，对于激发亿万群众的创造活力，培育包括大学生在内的各类青年创新人才和创新团队，带动扩大就业，打造经济发展新的"发动机"，具有重要意义。一要在创客空间、创新工厂等孵化模式的基础上，大力发展市场化、专业化、集成化、网络化的"众创空间"，实现创新与创业、线上与线下、孵化与投资相结合，为小微创新企业成长和个人创业提供低成本、便利化、全要素的开放式综合服务平台。二要加大政策扶持。适应"众创空间"等新型孵化机构集中办公等特点，简化登记手续，为创业企业工商注册提供便利。支持有条件的地方对"众创空间"的房租、宽带网络、公共软件等给予适当补贴，或通过盘活闲置厂房等资源提供成本较低的场所。三要完善创业投融资机制。发挥政府创投引导基金和财税政策作用，对种子期、初创期科技型中小企业给予支持，培育发展天使投资。完善互联网股权众筹融资机制，发展区域性股权交易市场，鼓励金融机构开发科技融资担保、知识产权质押等产品和服务。四要打造良好创业创新生态环境。健全创业辅导指导制度，支持举办创业训练营、创业创新大赛等活动，培育创客文化，让创业创新蔚然成风。

2015年2月25日，李克强主持召开国务院常务会议确定，在前期国家已出台一系列优惠政策基础上，从2015年1月1日至2017年12月31日，将享受减半征收企业所得税优惠政策的小微企业范围，由年应纳税所得额10万元以内（含10万元）扩大到20万元以内（含20万元），并按20%的税率缴纳企业所得税。当前经济下行压力加大，小微企业面临的经营困难较多。加大税收优惠政策的支持力度，有利于小微企业轻装上阵，促进大众创业、万众创新，进一步带动社会就业。

2015年3月5日，十二届全国人大三次会议上李克强总理代表国务院向大会作的政府工作报告中有13处谈及"创业"，表示要继续简政放权，为创业提供便利，形成新创业浪潮。大力发展众创空间，使"草根"创新蔚然成风、遍地开花。推出创业引领计划，制定"互联网+"行动计划，设立400亿元新兴产业创业投资引导基金，支持新兴产业创业。

三、我国宏观经济发展对创业的紧迫要求

（一）资本市场日益完善，有利服务实体经济

一个功能完善、结构合理的资本市场，在推动经济健康发展、结构调整以及战略性新兴产业成长过程中，往往扮演着至关重要的角色。经过二十多年的发展，我国资本市场从无到有，由小到大，快速成长为全球排名靠前的市场，资本市场在服务国民经济发展过程中，也发挥了重要的积极作用。当前，我国多层次资本市场已经初步形成，众多改革措施促进着资本市场的健康发展，要抓住资本市场发展的契机，加快发展实体经济。

（二）实体经济"空心化"严重

伴随着我国资本市场的发展，近年来不少实体企业的投资重点转移到了银行理财与信托投资，一些民营经济发达地区甚至出现了虚拟经济火爆、实体经济弱化的局面。据相关统计，我国工业的平均利润率仅在6%左右，而证券行业、银行业的平均利润率则都在30%左右，实业利润低下导致了许多实体企业纷纷转向股票等领域进行资本运作，甚至有些民间资本，不惜冒险从事市场炒作。如房地产业，由于房地产领域利润过高，导致大量资本撤离了实体经济，实体产业"空心化"的现象十分严重。

（三）房地产业"绑架"国民经济

在过去几年的时间里，由于房地产业利润空间大，社会资本不断流向该领域，房地产业逐步成为地方政府税务来源的支柱产业，经济增长也越来越依赖房地产，这妨碍了企业的创新发展。高房价还抬高了工商业的成本，削弱了对其他消费品的购买力，压缩了其他产业的市场空间，阻碍国民经济产业体系的协调发展。中国经济现在面临最主要的问题就是房地产经济泡沫问题。如果不发展实体经济挤掉泡沫，几年以后就可能会发生房地产崩盘，甚至引发金融危机。

（四）就业形势严峻，人力资源未能有效利用

我国每年需要就业的城镇劳动力超过 2400 万人，但每年只能提供就业岗位 1 200 万个，新增就业需求与岗位的缺口很大。人力资源和社会保障部发布的《2017 年度人力资源和社会保障事业发展统计公报》公布，2017 年年末我国城镇登记失业人数为 972 万人，登记失业率为 3.90%。《公报》指出，2017 年年末全国就业人员 77 640 万人，比上年末增加 37 万人；其中城镇就业人员 42 462 万人，比上年末增加 1 034 万人。此外，2017 年全年城镇新增就业人数 1 351 万人，城镇失业人员再就业人数 558 万人，就业困难人员就业人数 177 万人。

（五）科技成果转化水平低，影响创新型国家的创建

随着我国对自主创新能力重视程度日益加深，科研投入不断增加，科技成果取得了快速增长，科技创新不断有新的突破。然而应该看到在我国科技创新能力增长显著的背后，是由大量的科技成果作为支撑的，还有非常大比例的科技成果未实现向现实生产力的转化，造成科技资源浪费严重。科技成果转化能力低下已经成为制约我国经济发展的瓶颈。据 2017 年中国经济年会报告数据显示，2017 年我国科技投入为 1.76 万亿元人民币，占 GDP 的 2.15%，但中国的科技成果转化率仅为 15% 左右，远低于发达国家的 40%。这极大地影响了我国创新型国家的创建步伐。

第二章

创造性思维和方法

创造性理论认为，人的创造力的核心是创造性思维的能力，创造性思维是创造学比较核心的内容。本章将分别对创造性思维的含义、特征、过程、方法和内容等问题逐一进行阐释。

【引导案例】比尔·盖茨的创造性思维

比尔·盖茨是一位旷世奇才，他白手起家，创造了连续多年排名世界第一的微软公司；他又是一位卓越的发明家，对电脑软件的更新换代做出了卓越的贡献。当有人问到他成功的诀窍时，他直截了当地说："离开哈佛大学而一心从事微软公司的发展，是我事业成功的关键所在。"原来，盖茨在中学时已经从事电脑软件开发工作，进入哈佛后就开创了微软公司，他知道，鱼与熊掌不可兼得，他必须在继续求学和发展微软公司中放弃一个，结果他选择了辍学，这是他用创造性思维来展望未来的一次关键性的成功。

盖茨是一位人类历史上少有的一帆风顺的企业家，他常对人说："我的特点是善于开发创造性思维，我的用人原则是看他能否发掘潜在的创造力，每次我在面试求职者时，总要问一些令他们瞠目结舌的问题，如你怎样才能使微软更上一层楼？你有没有开发太空的计划？或者是如果你在非洲丛林中面对面遇到了一头狮子，你将怎么办？我认为，凡是能胡思乱想，天马行空，想出些新点子的人，都是富有创造性思维的人。"

（资料来源：用创造性思维开拓未来. http://www.hnkp.gov.cn/finycx/indexnewsfincx.asp? id = 1084）

第一节 创造性思维的含义和特征

一、思维的含义和分类

（一）思维的含义

什么是思维呢？人们平时常说的"想一想""考虑一下""思考再三""沉思良久""思

索一番""深思熟虑""设想""反省""抽象概括""判断推理""眉头一皱、计上心来"等都是指人们的思维活动。

如果将"思维"二字分开来看,其"思"字从字面上可解释为上面所说的"想"或"思考",其"维"字从字面上可解释为"序"或"方向"。据此,从字面上来解释"思维"就是:思维是有一定顺序的想,或是沿着一定方向的思考。这样解释只是字面上的理解,还不能表达"思维"一词的深刻内涵。而如何给思维下定义呢?这又很难。正如一位英国学者指出:思维一词有许多定义,但是没有一个定义能使所有的人满意。在这里,我们先从心理学界一般认可的对"思维"的概括理解来解释思维。所谓思维是人脑对客观事物的间接的和概括的反映。所谓间接反映,就是通过其事物的媒介来认识客观事物,即借助已有的知识经验间接地去理解和把握那些没有直接感知过的或根本不能感知到的事物。所谓概括的反映,就是依据对事物规律性的认识,把同一类事物的共同特征和本质特征抽引出来,加以概括,得出结论。在概括地解释思维的基础上,再从逻辑学的角度较具体地解释思维,就比较容易理解了。什么是思维呢?所谓思维是指人脑利用已有的知识,对记忆的信息进行分析、计算、比较、判断、推理、决策的动态活动过程。它是获取知识及运用知识求解问题的根本途径。

思维是人类区别于其他动物的最根本的特征。在自然界优胜劣汰的竞争中,人类之所以能够成为这个世界的主宰,就是因为人有着任何其他动物都无法比拟的思维能力,人靠着思维所显示的无限智慧而不断探索、利用自然和征服其他动物而繁衍生存下来,并主宰着这个世界。因此,恩格斯称赞思维是"地球上最美丽的花朵"。

(二)思维的分类

按思维的方向进行划分,可将思维划分为扩散思维与集中思维、正向思维与逆向思维、侧向思维与转向思维等。

按照思维方式进行划分,可将思维分为逻辑思维(形式逻辑思维和辩证逻辑思维)和形象思维(想象思维、联想思维、直觉思维和灵感思维)。按照思维状态进行划分,可将思维分为动态思维与超前思维、分离思维与合并思维等。按照思维的过程和结果的比较进行划分,可将思维分为常规思维和创造性思维等。

二、创造性思维

创造性思维是人类所特有的最高级、最复杂的精神活动,是"地球上最美丽的花朵"。千百年来,人类凭借创造性思维不断地认识世界和改造世界,创造出了数不胜数的物质文明和精神文明成果。记得一位诺贝尔奖获得者曾经说过:"科学史上的每一项重大突破,总是某些杰出的科学家完成最关键或最后一关的,他们之所以超过前人和同时代人,做出划时代的贡献,并不在于他们比别人的知识更渊博,重要的是在于他们富于科学革命精神和高度的创造性思维。"

人类对创造性思维的研究已经有很久远的历史了。从西方看,可以追溯到两千多年前的古希腊时期的亚里士多德。他的《工具论》可看作是早期涉及创造性思维的著作。他在另一著作——《心灵论》中还论述过创造性活动中的主要思维形式——想象,此后,许多哲学家、科学家都对此有过一些重要论述。而心理学家对创造性思维的研究、探讨却具有重要的历史和现实意义。他们为人们深入研究创造性思维提供了重要的心理分析基础。

自20世纪80年代开始，我国对思维科学的研究在原有的基础上有了较快的发展，尤其在1984年8月召开全国首届思维科学讨论会之后，创造性思维问题已被众多学科所关注。创造学、思维学、哲学、逻辑学对其都有相关论述。

创造性思维问题，实际上是一个探索中的边缘交叉的学术问题，它需要相关学科的研究者共同努力，进行广泛深入的研究和探讨，以便能更准确地反映出创造性思维的本质和规律，以使创造者能真正认识创造性思维的本质。遵循创造性思维的规律，更快地提高创造的进度和效率，更好地提高创造的质量和档次。

何谓创造性思维？目前学术界对此尚无统一定论。各方专家已从不同的角度、不同的理解对其有很多的提法和阐释。通过从书本、报刊上向各位专家学习，并对其观点进行分析和思考之后，我们认为：从广义上看，所谓创造性思维是创造者利用已掌握的知识和经验，从某些事物中寻找新关系、新答案，创造新成果的高级的、综合的、复杂的思维活动。该定义的第一层含义是创造性思维的基础是创造者已掌握的知识和经验；第二层含义是创造性思维的结果是创新，即需要从某些事物中寻找新关系、新答案、创造出新成果；第三层含义是创造性思维是一种高级的、综合的、复杂的思维活动，即它是高于其他思维，而又不脱离其他思维，是寓于各种思维之中的或各种思维有机地综合在创造性思维里的一个复杂的思维过程。我们还认为，从狭义的理解看，所谓创造性思维也可具体地指在思维角度、思维过程的某个或某些方面富有独创性，并由此而产生创造性成果的思维。也就是说，在整个思维中的更具体的方面，如他人意想不到的某个思维角度，在整个思维过程中的某一小阶段，其思维具有独特性、新颖性，而且主要是因为其独创性、新颖性而产生了创造性成果的思维。

三、创造性思维的特征

（一）突破性特征

创造性思维的结果体现为创新，追求创新，是创造性思维的本质。而要创造出新成果，往往需要创造者在思维的某些方面有所突破，可以说，突破性是创造性思维一个最明显的特征。

首先，突破性体现为创造者突破原有的思维框架。这是指在思考有待创造的问题时，要有意识地抛开头脑中以往思考类似问题所形成的思维程序和模式，排除以往的思维程序和模式对寻求新的设想的束缚，就有可能取得意想不到的创造性的成功。

其次，突破性还体现为突破已有的思维定式。俗话说"习惯成自然"，特别是思维上的习惯一旦形成，就会让你不知不觉地按着已形成的思维定式去思考问题。

例如：在我国第六届全国运动会乒乓球男子单打决赛的颁奖仪式上，当著名乒乓球运动员江加良走向橘红色冠军领奖台前去领奖时，全场顿时响起了一片笑声。这时，江加良才意识到了自己的错误，连忙向后转，同时自己也禁不住笑了起来。因为他这次获得的是第五名。而他以往却曾一次又一次地走向橘色的冠军台去领奖。显然这已在他的头脑中形成了较为牢固的思维定式。

无论是集体还是个人，突破了人们已有的思维定式，都会在各自的领域里获得成功。

例如，抗日战争初期，日军为了打开晋北战场，决定进攻南大路一带，建立起巩固的攻防体系。当时，刘伯承率部东进平定地区，创建抗日根据地。当他获悉日军20师团的辎重部队宿营测鱼镇时，便判断敌人此次必然要经过垣村，向平定地区输送军需品。于是，刘伯承命令七七二团三营埋伏在垣村外的道上，以伏击日军。第二天一早，日军果然沿垣村大路向平定挺进，当他们进入伏击圈时，我军一声令下，发起猛烈攻击，毙敌300余人，缴获了大批军用物资，取得了伏击战的胜利。不久，日军又派出辎重部队，增援平定地区。日军将领自认为熟读兵书，知道中国兵法上有"伏不重设"的原则，便错误地判定刘伯承不可能再在垣村设埋伏了，于是又令辎重部队沿垣村向平定挺进。谁知，刘伯承神机妙算，又在同一地点设下第二次埋伏，并再获全胜，日军又遭遇重创。刘伯承由于突破了日军认为我军"伏不重设"的思维定式再次设伏，所以会又获全胜。

最后，突破性也体现在超越人类既存的物质文明和精神文明成果上。

从超越既存的物质文明成果来看，产品的更新换代，就是科技研发人员思维上敢于去超越原产品的结果。

从超越既存的精神文明成果来看，爱因斯坦突破了牛顿经典力学的静态宇宙观去思考而创立了"狭义相对论"。19世纪末，电磁学的新成就同经典物理学传统理论之间的矛盾日益尖锐，用牛顿经典物理学的基本概念和基本定律无法解释光在真空中每秒传播约30万公里，而与光源本身运动速度无关，也就是光速不变的现象。面对这个矛盾，著名的物理学家麦克斯韦等人求助于"以太"这个概念，试图用"无所不在"的以太来解释光波的传播，但不久便被实验否定了，当时还是小人物的爱因斯坦却突破习惯性思维的束缚独辟蹊径，系统地发展并突破了电动力学的原理，创立了狭义相对论的理论体系。狭义相对论的思想显然比"以太"的假设要精深得多。这一案例是创造性思维突破性特点的一个典型例证。

（二）灵活性特征

灵活性也可称为变通性。它反对一成不变的教条，而是根据不同的对象和条件，具体情况具体对待，灵活应用各种思维方式。例如，当代伟人毛泽东，在与外国侵略者的作战中，成为决胜千里的军事战略家。他创造的游击战、运动战、阵地战，无不体现出他思维的灵活性。

思维的灵活性也是指它能灵活地变换对问题的思维角度，不被常识束缚住，不固执于一种成见之中。

思维的灵活性还表现在及时抛弃显然是错误的假说上。这里特别需要强调"及时"这个词。如果受到诱人的错误思想禁锢太久，就会白白地浪费宝贵的光阴。相反，如果过早地抛弃可能是合理的假说，就可能失去获得突破性成就的良机。

（三）流畅性特征

创造性思维的流畅性特征一是指对提出的问题反应敏捷，表达流畅，例如用汉字组词，要求用最后一个字作为下一个词的首字，如果从"创造"好词开始，而自由地回忆出造物、物理、理论、论文、文化、化学、学说、说笑、笑话、话语、语气、气概等；二是指创造过程中思维的连续性，并获得连续性的创造的成功，如"思潮如涌""一气呵成"，分别描述了科学家和文学家的思维状态，充分反映了创造性思维流畅性的特征。例如，杜甫在《饮中八仙歌》里所写的"李白斗酒诗百篇"的诗句就是这一特征的最好例证。

(四) 多向性特征

多向性特征是指为了解决某一问题，从不同侧面、不同角度、不同关系上去思考，进而提出尽可能多的设想和方案。例如，如果问红砖有多少种用途？运用创造性思维来回答这个问题，其答案就不仅仅是能盖房子，还可以想起能铺路、垫桌子、压塑料布或纸、钉钉子、磨砖沫、当防卫武器等。再如，如果问"照明"有多少种方法，用创造性思维就可以想到油灯、电灯、蜡烛、手电筒、火柴、火把、反射镜、萤火虫等。

(五) 顿悟性特征

顿悟性特征是指创造性思维有时是在人们苦思冥想以后，以一种突然的形式在人们头脑中闪现。例如，高尔基写作时特别重视语言的锤炼，他下笔时总要字斟句酌，反复推敲。有一次他写成了一篇小说，总觉得其中有一个词用得不够准确，就没有交出去付印，尽管编辑已经催促好多次了。一天他去看马戏，正看得入迷时，脑子里突然跳出一个词来，用在他那篇新作中再好不过了。于是，他立即放弃看精彩的马戏表演，赶快跑回家去，在原稿上作了修改。

(六) 可迁移性特征

可迁移性特征是指从一种情境开发的创造性思维能力，可以迁移到其他情境中去。例如，1911 年，为了搞清楚原子的结构，英籍新西兰物理学家卢瑟福和他的助手设计了用 α 射线照射重金属箔的实验，由此发现了 α 粒子的散射现象，并得出结论：原子是由一个很小的核心（原子核）和围绕它运动的电子构成的。这个发现使他联想到太阳系的结构，他立即提出原子结构的"太阳——行星"式模型，并且兴致勃勃地告诉别人："我发现了一个小太阳。"

(七) 非逻辑性特征

非逻辑性特征是指创造性思维往往是在超出逻辑思维，出人意料地打破常规的情形下出现。它不严密或暂时说出什么道理。因此，"创造性思维的产生常常具有跳跃性，省略了逻辑推理的中间环节"。例如，前面突破性特征中提到的爱因斯坦相对论的建立就体现了非逻辑性特征。由于省略了中间环节，其创新成果曾一时令人无法理解和接受。许多科学家都为之瞠目，有的人甚至公开讥笑他为"疯子"，是讲了一通"疯话"。创造性思维的非逻辑性，由于中间环节的省略而呈飞跃式，显得"离谱、神奇"。有时，创造者自己对其也感到不理解。例如，当德国科学家普朗克首创量子假说时，连他自己也感到茫然不知所措，甚至怀疑这个假说的真实性。

(八) 综合性特征

创造性思维是一种"高级的、综合的、复杂的思维活动"，它既"寓于各种思维之中"，又是"各种思维有机的综合"。所以，综合性是创造性思维的一个明显的特点。而且，法国遗传学家 F. 雅各布很早就提出过"创造就是重新组合"的观点，日本人也有"综合就是创造的"提法。创造者在"重新组合"过程中必然要进行综合性的思考来进行"智慧杂交"，博采众长地进行巧妙组合，形成新的设想和方案，产生新的事物。

【拓展阅读】世界综合格斗的先驱性思想指引和实践启蒙者——李小龙

早在1966年，当传统武术界人士还以拳套和寸止式竞技作为训练和比赛主体，还在津津乐道近乎神秘的"一击必杀"绝技的时候，洛杉矶振藩国术馆时期的李小龙，就已经跳出诸如中国的功夫、日本的空手道，或者西方的拳击等狭隘武技框框和思维局限，站在"人类武术"的哲学高度，聚焦于安全第一、速战速决的格斗战略和无限制实战的全面适应需要，以追求技击最高效率和本能化发挥为最高目标，遵循"精简、直接、非传统性"三大科学原则，全面发展实战能力，并强调每个人武术风格的自由发展。李小龙运用运动生理学、生物力学、训练医学、营养学等现代多学科专业理论知识，融合各国武术，以及瑜伽、体操、举重、健美等不同领域训练科学理论与实践成果，从心、技、体三个方面全面革新了传统武术的训练理论与训练模式，飞速提升了截拳道的实战效用。

为发展必需的力量素质，李小龙阅读了整个20世纪60年代中期到20世纪70年代早期所有能够收集到的各类健身与健美杂志，并根据需要制作了专门的资料剪贴本，及时跟踪、学习、应用最新的健身与力量训练科技成果。李小龙将力量训练与武功训练完美地结合起来，逐渐创建了一整套系统的科学训练体系，做到既能够最大限度地增进格斗需要之力劲，全面发展综合素质，又能避免出现健美运动员过度发达的肌肉，即做到所谓"筋长一寸而不肉厚一分"。李小龙创造性地将动力性的负重力量训练和静力性力量训练两种完全不同的训练方法紧密结合，高效发展了手部的流动内力、触觉灵敏度以及封手、擒拿的控制能力，特别是各大关节的"初性"力量（截拳道称之为"韧力"）。

李小龙领先时代数十年，所进行的跨流派、跨领域的交叉训练，以及踢打摔拿无限制的综合训练，笔者称之为"JKDMMA"的综合技击实践，如今被国外一些武术评论者，普遍视为现代综合格斗运动全球化的开端。

综合格斗历史的发展，恰好印证了李小龙超时代的洞见：只有当武术取消了人为的门派和种族的界限，才能真正呈现出无限的活力，因格斗不会因为你练的是空手道、泰拳或中国功夫等不同武技而有所不同。不管是踢拳也好，柔术也好，没有谁比谁更强，唯有全面结合，立体运用，才能真正立足当代综合格斗擂台。

（资料来源：朱建华．李小龙与截拳道纵横论．中华武术，2006（2）；武风网，http://www.wfeng.net/gongfii/waiguogongfli/jiequandao/201405/5614.html）

第二节 创造性思维的过程

一、华莱士的四阶段论

美国心理学家华莱士研究了各种类型的思想活跃的人的经验之谈，发表了创造性思维过程的"四阶段论"。

（一）第一阶段——准备期

这是掌握问题，搜集各种材料，动脑筋的过程，即自觉的努力时期。因为创造性思维不会凭空产生，它需要孕育，所以，一般来说，它需要准备期。在准备期，创造性思维的活动主要集中在发现问题，分析问题，形成有创造价值的课题上，发现问题是起点，分析问题并形成创造课题是关键。

（二）第二阶段——酝酿期

形成创造课题之后，就要寻求解决的途径。此时创造性思维进入了冥思苦想的酝酿阶段。

这一阶段往往是虽然开动脑筋，也想不出好主意，因而感到憋闷，想半途而废，停止自觉努力。然而，在此阶段中，潜意识在本人都不曾觉察的情况下，仍在大脑深层进行着有力的活动。在这一阶段，有时酝酿期比较短，好像一触即发便可实现创造；有时酝酿期比较长，在长期酝酿中，创造者要承受痛苦的心灵折磨，如果意志不坚定，不能继续坚忍地求索，就会与成功擦肩而过。那些具有强烈创造意识，能够经得起考验的创造者，经过痛苦的煎熬，坚持努力之后，才能进入柳暗花明的境地。这一阶段是能否取得创造成果的中心环节。

（三）第三阶段——启发期

这一阶段是创造性思维的突变阶段，或有的学者称之为的出现"灵感"阶段。

这一阶段的表现状态是，解决问题的启示突然出现。它多是在人处于不工作情况下所得出的答案，并且大多出现于疲劳后的小憩时，或者在做其他不相干的事情时。另外，"突然出现"的倾向是视觉形象多于语言表达。这一阶段的变化是目前心理学界乃至创造学界最说不清的，人们还没有弄清楚其生理和心理机制。

（四）第四阶段——验证期

这是创造性思维过程的最后一个阶段。这一阶段为推敲突然出现的启示，并且予以具体化的过程。

创造者取得的成果除了新奇性外，还应满足适用性标准。是否适用，必须经过论证和检验。这也是科学方法解决问题的一个重要步骤。

二、"序列链"理论

刘奎林是我国系统研究灵感思维的一位学者，他在华莱士"四阶段"理论的基础上，进一步就创造性思维中灵感思维的过程进行了研究，提出了"诱发灵感机制——序列链"理论。他认为这个序列链由五道程序组成，即"境域—启迪—跃迁—顿悟—验证"。

境域，是指那种足可诱发灵感迸发的充分且必要的境界。以文学创作为例，这种境域如托尔斯泰所认为的，创造者入境后表现出来的那种潜思维与显思维随意交融，肆意驰骋，神与物游的"忘我"境域，正是"创作的最高境界"。

启迪，就是指机遇诱发灵感的偶然性信息。创造者的灵感孕育如果达到了饱和程度，只要有某一相关信息偶然启迪，顷刻间就可豁然开朗。

跃迁，是指灵感发生时的那种非逻辑质变方式，经过显意识与潜意识的交互作用，潜意识即进入一种跨越推理程序的、非连续的质变过程。对于潜意识的信息加工过程，一般来说，人们无法意识到在形态上或能量上的中间循序渐进和过渡环节，它是灵感思维的一种高级质变方式。

顿悟，是指灵感在潜意识孕育成熟以后，同显意识沟通时的瞬间表现。

验证，是指对灵感思维结果的真伪进行科学的分析和鉴定。

以上五个步序，彼此间紧密联系，互相制约，从而形成一个以显意识去调动潜意识，诱发灵感发生的有机系统。

刘奎林的"序列链"理论，说明了灵感思维的全过程所需经历的五个阶段。灵感思维虽然与创造性思维不是同一概念，但灵感思维在创造性思维中占有重要地位。从华莱士的"四阶段"理论中可以看到，其"酝酿""启发"的过程，着重指的也是灵感思维的过程，刘奎林的"序列链"理论，则着重说明灵感思维的全过程。将二者结合起来理解，就会对创造性思维的过程有一个更全面、更深刻的认识。

三、"发散——辐合"理论

美国心理学家吉尔福特在对创造性思维的研究中，提出了发散思维（Divergent Thinking）和辐合思维（Convergent Thinking）的区分。吉尔福特认为，发散思维"是从给定的信息中产生信息，其着重点是从同一来源中产生各种各样的为数众多的输出，很可能会发生转换作用"。

吉尔福特提出的发散能力测验，要求不止一个正确的答案，其评分的主要依据是反应的新颖和多样。例如，要求受试者提出一块砖的多种用途或给一个短篇故事想标题。辐合思维是依据给定的零散信息得出一个有效的或合理的答案和结论。具体说，辐合思维是在发散思维所提供的大量事实基础上，经过分析和比较，从中提出一个可能正确的答案或结论，然后经过检验、修改、再检验，甚至被推翻，再在此基础上集中，提出一个最佳的、有效的答案或结论。例如，就一篇短故事给受试者提供好几个题目，要求受试者从中选择出一个最佳的标题。

在一个完整的思维活动中，发散思维和辐合思维是互为前提、交互进行的。一般而论，面对一个课题或解决一个问题，思维者总是先千方百计调集自己已有的知识经验。我们说解决问题须以知识经验为前提，也就是须以辐合思维为前提。调集有关知识经验的过程，就是发散思维的过程，即通过联想和回忆，尽可能多地从不同角度寻求可能解决问题的假设、途径和方案。这是一个举一反三、触类旁通、尽量争取一题多解的过程。经过这样多角度、灵活、细致的思考，便最大可能地获得了解决问题的假设或途径，而这各种各样的假设或途径中即包含着相对意义上最佳的、富有创造性的结果。当思维达到一定的发散程度后，便需要及时改变思维策略，由发散思维过渡到辐合思维。这是一个由多到一或众中挑一的聚合过程，它需要对所获得的各种材料进行反复的分析、比较、加工、整理，最终求得一个最佳的解决方案或途径。

由此可见，作为一个完整的创造性思维过程，既离不开发散思维，也离不开辐合思维，而且呈现出一种二者相互促进、相互转化、交互推进的思维程序，即"辐合思维——发散思维——辐合思维"的程序。无论科学创造或文艺创作，都是在经历这样一个思维过程之后才获得创造性成果的。

四、"三境界式"理论

这是我国晚清学者王国维所提出的创造"三境界"说,即创造性思维的程序可分为准备阶段、酝酿阶段和解决问题三个阶段。三阶段理论是一种影响最大、传播最广并具有较大实用性的过程理论。王国维在他创作的《人间词话》一书中说:古今成大事者、大学问者,必须经过三种境界,现叙述如下。

(一)准备阶段

准备阶段是指在科技创新中提出问题或发现问题的阶段。爱因斯坦认为形成问题比解决问题更重要,因为解决问题不过牵涉到数学或实验上的技能而已,然而明确问题并非易事,需要有创造性的想象力。在准备期中,首先是认识主体对知识和经验进行积累和整理;其次是搜集必要的事实和资料;最后,了解提出问题的社会价值,并能满足社会需求及价值前景。

从创造过程来讲,创造者必须心怀大局,高瞻远瞩,独立思考,排除干扰,勇于攀登高峰,明确有价值的课题。正如北宋诗人晏殊的《蝶恋花》词中所写"昨夜西风凋碧树,独上高楼,望尽天涯路",这可谓第一境界。

(二)酝酿阶段

酝酿阶段是朝思暮想和多方思维的发散期,需要花费大量精力,耗费较长时间,大脑细胞处于高度集中和强烈活动时期。对问题的探讨还处于冥思苦想,努力探寻的酝酿期。在解决问题的关键时刻,创造者应有坚强的意志和良好的道德品质。如果遇到困难重重,百思不得其解,找不到创新的突破口时,也可以把思考的问题暂时放下,让大脑松弛,有意识地切断习惯性思维,以便产生新思维,诱发直觉和灵感的闪现。在此期间,创造主体应具备孜孜以求的精神,正如宋代柳永的《凤栖梧》词中"衣带渐宽终不悔,为伊消得人憔悴",这可谓第二境界。

(三)解决问题阶段

解决问题阶段是创造性思维主体获得成果的阶段。通过对问题的反复思考,发现问题奥秘之处,终于在攻关中找到了解决问题的方法,取得成果。正如辛弃疾《青玉案·元夕》中所写"众里寻他千百度,蓦然回首,那人却在,灯火阑珊处",这可谓第三境界。

【拓展阅读】日本理光公司发明"反复印机"

日本是一个经济强国,却又是一个资源贫乏国,因此他们十分崇尚节俭。当复印机大量吞噬纸张的时候,他们一张白纸正反两面都利用起来,一张顶两张,节约了一半。日本理光公司的科学家不以此为满足,他们通过逆向思维,发明了一种"反复印机",已经复印过的纸张通过它以后,上面的图文消失了,重新还原成一张白纸。这样一来,一张纸可以重复使用许多次,不仅创造了财富,节约了资源,而且使人们树立起了新的价值观:节俭固然重要,创新更为可贵。

(资料来源:中国脑网,http://www.brainweb.cn/ProjectView.asp? id=3167)

思维一词，谈不上方向的概念，但为了便于讨论研究，不妨把人们开展思维时的趋势或思路作一个形象化的比喻，将其比作思维方向。这样，就将按趋势和思路来开展的思维统称为方向性思维。它包括扩散思维与集中思维、正向思维与逆向思维、侧向思维与转向思维等。

第三节　扩散思维与集中思维

一、扩散思维

【示例一】

举世闻名的世界奥林匹克运动会，到第22届（1980年）时，因耗资巨大面临着难以继续办下去的危机。1976年，加拿大的蒙特利尔市承办第21届奥运会，花费了35亿美元，亏损达10亿美元，数额如此庞大的支出，怎能不令人望而生畏呢？

然而，第23届奥运会还是在美国的洛杉矶市如期举行，由洛杉矶奥委会主席彼得·尤伯罗斯主持，共有140个国家和地区的7 000多名运动员参加，观众达570多万人。通过采取改造已有体育场地（尽量少建新馆）、利用假期大学生宿舍办奥运村、选择赞助厂商、出售转播权与火炬传递接力权、出售专卖专利商品等开源节流措施，使这届奥运会不但没有负债，反而还盈利2亿美元，创造了震惊世界的奇迹。后来，尤伯罗斯说，这要归功于他尝试运用了扩散思维去运筹帷幄。

（一）扩散思维的含义

扩散思维也叫发散思维或多路思维。心理学家吉尔福特把扩散思维定义为："从所给定的信息中，产生信息，从同一来源中产生各式各样的为数众多的输出。"他还认为，智力结构中的每一种能力都与创造性有关，但扩散思维与创造性的关系最密切。扩散思维是创造性思维中最基本最普通的方式和方法，它广泛存在于人的创造活动中。浙江大学王加微先生认为"扩散思维就是在思维过程中，充分发挥人的想象力；突破原有知识圈，从一点向四面八方散开去，通过知识和观念的重新组合，找出更多更新的可能答案、设想和解决办法。"概括地说，扩散思维是指从一点出发，向不同的方向辐射，产生大量不同设想的思维。

扩散思维的客观依据是，由于事物的内部及其所处客观环境的复杂性，事物的发展往往不是只有单一的可能性，而是有多种可能性，而其中的每一种可能性都可以被作为设计一个解决问题方法的依据。事物发展的可能性是多样的，以多种多样的可能性为依据而设计出来的解决问题的方法也是多种多样的。当然，由于人们认识上的局限性，要穷尽事物发展的可能性是很难做到的，但是尽可能多地揭示事物的可能性，才能收到显著的成效。

例如，有人用强制式思维扩散搞创新，设计和发出新颖实用的新秀系列鞋。

（1）可以吃的鞋。但不是用嘴吃，而是用脚吸收，即在鞋内加些药物，通过脚吸收，可以治疗脚汗、脚臭、脚鸡眼，甚至可以治疗高血压、关节炎、胃溃疡等疾病，沿着这个思路，开发出多种防病鞋、治病鞋。

（2）会说话的鞋。这种鞋，对于儿童来说，既好玩，又实用，即设计出一种穿鞋时能放音乐或唱出生活常识的儿歌，使儿童不靠父母，自己穿鞋，有序摆放，提高生活自理能力。

（3）可以扫地的鞋，即人走到哪里就把哪里的灰尘吸走。在朋友聚会及办公室里，穿上这种鞋，不但不扬尘，反而会更干净。

（4）可以指示方向的鞋，即在鞋上装上指南针，调到所选择的方向，当方向偏离时，鞋就会自动发出警报，这对野外考察探险的人来说，非常有用。

（5）只穿一次的鞋，即设计一次性鞋，价格便宜，可经常更换鞋的式样和颜色，这对宾馆和家庭来说，需求量很大，而且卫生。

（二）扩散思维的特征

1. 多端性

首先，扩散思维的创造性表现为多端性。例如，问你从大连去上海有几种方式，你可能回答说乘火车、乘飞机、乘汽车、乘轮船等方案，你的回答就是运用了扩散思维的结果，而且体现出了这种思维的多端性特征。又如，企业家针对某一经营目标拟定几套经营策略，也体现出扩散思维的多端性特征。

2. 宽阔性

扩散思维在思维的方向上"海阔天空"，常常表现为空间上的无限拓广。空间拓广是指对同一对象进行空间上的多要素、多结构、多机制、多功能、多信息、多方面的全方位思维，以达到解决问题的目的。例如，战后的日本，为了重新崛起，运用扩散思维采取了多项措施，注重教育、文化、科技、工业、农业、交通业等各个方面的发展，积极总结自己的经验和吸收西方一切有利于自己发展的因素，广泛涉猎，多方面并进，使该国很快就成为世界第二大经济强国。

3. 丰富性

这是指在同一思维方向上能够产生大量新念头的一种属性，它是创造力的重要表现之一。例如，美国的一座有百年历史的自由女神铜像翻新以后，现场留下 2 000 多吨废料，这些废料既不能就地焚化，也不能挖坑深埋，清理到相距甚远的垃圾场，运费又十分昂贵。许多人眼睁睁地看着一大堆废料毫无办法。这时，一个名叫斯塔克的人，自告奋勇地承包了这份苦差事。怎样处理这些废料呢？他运用扩散思维，对废料进行分类利用：他把废铜皮铸成纪念币，把废铝做成纪念尺，把水泥碑块做成小石碑……这样一来，本来一文不值、难以处理的垃圾竟成为含义深远、品种繁多、内容丰富的纪念品而身价百倍。

扩散思维的这些特点，无论是在发现问题、解决问题中，还是在提出假设、构思中，都有助于我们摆脱思维定式和功能固定等的消极影响。所以，它对开发智力和产生创意具有十分重要的意义。

二、集中思维

（一）集中思维的含义

集中思维也叫收缩思维或求同思维，这是一种异中求同的思考方式。具体来说，集中思维是指紧随扩散思维，在大量创造性设想中，通过分析、综合、比较、判断，选择最有价值的设想。简而言之，就是从数量中找质量的阶段。它好比我们在一个四通八达的交叉路口，要设法找出一条通向目的地的最佳路线一样。它还如同平时开会，在大家发言的基础上，总要把论题和意见集中一下。它也像聚焦镜把太阳光聚合在一起。集中思维使我们的思维直接对准思维目标。

（二）集中思维的特点

1. 唯一性。

作为集中思维的结果来说，它是唯一确定的，不允许含糊其辞、模棱两可。

2. 逻辑性。

吉尔福特认为，集中思维属于逻辑思维推理的领域。它不仅要进行定性分析，还要进行定量分析，仔细分析各种方案、办法和设想的可行性，所以，它具有逻辑性特征。

三、扩散思维与集中思维的区别和联系

作为两种思维方式，扩散思维与集中思维是有显著区别的。从思维方向上来讲，二者恰好相反，扩散思维的方向是由中心向四面八方扩散，而集中思维的方向是由四面八方向中心集中；从作用上讲，扩散思维更有利于人思维的广阔性、开放性，使人的思维极限尽量放宽，更利于在空间上的拓广和时间的延伸，而集中思维则有利于从各路思维中选取精华，有利于使问题取得突破性进展。

扩散思维与集中思维虽然有显著的区别，但是，从一个相对完整的思维过程的角度来说，扩散思维与集中思维又是创造过程中相辅相成的统一体，二者缺一不可。在解决创造性的问题中，可以通过扩散思维推测出许多假设和新的构想；也可通过集中思维，从中找出一个最正确的答案。可见，在创造性问题的解决中，光有扩散思维或光有集中思维都是不够的，需要两者的有机结合。因为解决问题的基础是提出假设，所以说，创造性是更多地表现于扩散性上；但是，检验假设和得出结论解决问题，则是靠集中性，又可以说创造性是终结于集中。起于扩散，终于集中，相辅相成，这就是创造力对于人们的思维品质的要求。

四、扩散思维与集中思维的实际应用

1987年，有人受《参考消息》所刊登"日本试验表明，嚼普通口香糖可以防止打瞌睡，并且效果比喝咖啡、大声唱歌、冷水敷头都要好"的科技简讯所启发，欲研制加入中草药的醒脑提神、没有副作用的防止瞌睡专用型口香糖新产品。当时，该人运用扩散思维，设想出了多种多样的新品种口香糖。

第一个思路方向是不同功能的口香糖。预防感冒牙膏是在牙膏洁齿外新增的功能，举一反三，口香糖也可有防感冒口香糖，依此思维尽量扩散，还可以有防打瞌睡的口香糖，醒酒口香糖，防止晕船晕车口香糖，戒烟口香糖，除口臭口香糖，除大蒜味口香糖，润喉止咳口香糖，补充铁、钙、锌、碘等微量元素的口香糖等。

第二个思路方向是不同口味的口香糖。例如除甜味口香糖外，还可以有鸡汁口香糖、牛肉汁口香糖；也可以有果味口香糖、酒味口香糖、牛奶口香糖、可可口香糖、蜂蜜口香糖、麻辣口香糖、怪味口香糖等。

第三个思路方向是不同形态的口香糖,如方的、圆的、扁的、动物造型的等等。

后来,此人用集中思维对比哪种口香糖最有市场价值、最值得开发。比较后,他认为防止打瞌睡口香糖相对来说比较有市场价值。这是因为,汽车司机打瞌睡会出交通事故,晚上加班的知识分子会因打瞌睡而耽误研究,门卫和晚上值班的工作人员会因打瞌睡而不能尽职尽责,看仪表的技术人员会因打瞌睡而易出现疏忽。种种社会需要表明,防止打瞌睡口香糖的市场潜力很大,所以,决定先试制和生产防打瞌睡口香糖。

第四节 正向思维与逆向思维

一、正向思维

正向思维是指按照常规思路或者遵照时间发展的自然过程,或者以事物的常见特征与一般趋势为依据而进行的思维方式。正向思维一般是从分析原因入手,经过逻辑推理,由扩散到集中而得出结论。

例如,根据居民的货币收入与商品的销售量、家具的销售量与新建的住宅和新婚的户数、婴儿服装销售与当年婴儿的出生数的相关性,对其进行大量的统计数据分析,找出其变量之间的关系,推测其将来的发展状况,也是运用的正向思维。

又如,根据国际经济格局的过去分布情况、现在分布情况和将来的趋势,对国际经济格局的变动走向问题做出正确分析,也是运用的正向思维。

二、逆向思维

(一)逆向思维的含义

逆向思维也称为逆反思维或反向思维。它是相对正向思维而言的一种思维方式。正向思维是人们习以为常,合情合理的思维方式,而逆向思维则与正向思维背道而驰,朝着它的相反方向去想,常常有逆常理。

而创造学中的逆向思维是指为了更好地想出解决问题的办法,有意识地从正向思维的反方向去思考问题的思维。平常所说的"反过来想一想、看一看""唱唱反调""推推不行、拉拉看"等都属于逆向思维。

逆向思维作为一种思维方法是有其客观依据和客观原型的。辩证唯物法对立统一规律揭示了:任何事物或过程,都包含着相互对立的因素,都是相反的对立面的统一体。由于事物内部相互对立因素的存在,事物的发展就存在两种相反的可能性;由于事物内部相反因素的存在,不同的人就可能以相反的因素为依据而产生对立的看法;由于事物的发展存在着两种相反的可能性,不同的人就可能沿着相反的方向进行思考。

例如,在竞争中,要想技高一筹,就要别出心裁,独辟蹊径。其中就包括从对手的相反方向想主意,搞创新。别人生产"矛",你可以生产"盾";别人研究"地对空",你可以研究"空对地";别人以高档产品见长,你可以薄利多销取胜。

在新产品开发中，这样的例子数不胜数。例如，当大屏幕电视技术问世不久，日本东芝公司随即研制成功一种屏幕比火柴盒略大的"火柴盒式电视机"，为外出人员随身携带及时掌握各种信息提供了便利。无独有偶，在收录机向多功能发展的同时，德国一家工厂研制出了一种金笔式录音机。

（二）逆向思维的分类及其应用

逆向思维可分为六类，即结构逆向、功能逆向、状态逆向、原理逆向、序位逆向、方法逆向。

1. 结构逆向

结构逆向就是从已有事物的结构形式出发所进行的逆向思维，以通过结构位置的颠倒、置换等技巧，使该事物产生新的性能。

例如，一般的门锁锁舌有缺口，这样关门比较方便，但如果在门缝中塞入硬片等却容易把门撬开，防盗功能变差。有一位同学发明了"简易防盗锁"，把门框上锁孔内侧焊个斜片，而锁舌却改成方形，这样，就从结构上与原锁反转，关门照样方便，但由外往里撬门，由于锁舌是方形的就不易被撬开了，从而使防盗性能大大增加。

2. 功能逆向

功能逆向是指从原有事物的功能上去进行逆向思维，以寻求解决问题，获得新的创造发明的思维方法。

例如：人们写字都想写得清晰，字保留的时间更长，但也有人想使写出的字容易擦去。据此，河南省一家圆珠笔厂采用南京理工大学王卫东发明的可擦圆珠笔油墨配方，大量生产可擦圆珠笔，投放市场后一炮打响，现在已经大量出口。

3. 状态逆向

状态逆向是指人们根据事物某一状态的反面来认识事物，从中找到解决问题的办法或方案的思维方法。

例如，过去木匠用锯和刨来加工木料，都是木料不动而工具动，实际上是人在动，因此人的体力消耗大，质量还得不到保证。为了改变这种状况，人们将工作状态反过来，让工具不动而木料动，设计发明了电锯和电刨，从而大大提高了效率和工艺水平，减轻了劳动量。

4. 原理逆向

原理逆向是指从相反的方面或相反的途径对原理及其运用进行思考的思维方法。

例如，1819年，丹麦物理学家奥斯特发现了通电导体可使磁针转动的磁效应。1820年，法国物理学家安培发现通电螺线管具有与磁石相同的作用。英国物理学家法拉第想：既然由电可以产生磁效应，反过来能否由磁产生电效应呢？按照这一思路，法拉第开始了新的课题研究，经过9年的艰苦探索，终于在1831年发现了电磁感应现象，即在磁场中做切割磁力线运动可以获得感应电流，为发电机的制造奠定了理论基础。

5. 序位逆向

序位是指顺序和方位。顺序又指时序或程序，方位又指方向和位置。序位逆向是指对事物的顺序和方位逆向变动，以产生新的较佳效果的思维。

（1）从时间顺序上进行逆向思维。近年来，一些农村专业户非常重视"时间差"的利用。"种菜种瓜要抢先，迟了不值钱"这条谚语提醒了人们，种菜种瓜一定要讲究一个

"早"字，因为早能争得经营优势，卖出高价。但一些富有创新意识的农民，反弹琵琶，一反常规，偏在"迟"字上大做文章，以迟取胜。结果越夏西红柿、秋西瓜、冬天结果的桂圆等纷纷问世。物以稀为贵，这些反季节瓜果都能给农民带来良好的经济效益。

（2）从程序上进行逆向思维。例如，在工厂，上道工序为下道工序提供零件是常规，后来，日本本田公司经理本田章一郎却利用逆向思维提出"三及时"的思想，即下道工序在需要时向上道工序索要所需数量的合格零件，这样做的目的是为了上道工序为下道工序提供的零件送早了或送多了就会造成积压，降低资金周转速度；如果送晚了或送少了或零件质量不合格，就会影响生产的正常进行。所以，提出要做到三及时，即"及时的时刻""及时的数量""及时的零件"。事实证明这样做的结果是取消了大量在制品的库存，减少了在制品资金的积压，加速了资金周转，使经济效益增加了一倍。

（3）从方向上进行逆向思维。例如，火箭是向天上打的，能否向地下打？苏联工程师米海依尔于1968年研制成的钻井火箭，能穿透土壤、冰层、冻土、岩石，每分钟推进10米，重量只有普通钻机的1/17，耗能少2/3，效率提高5~8倍，引起了钻井、打桩手段的革命。

（4）从方位上进行逆向思维。例如，古代英国有一个美丽的女孩叫邓丽娜。有一次，她的父亲欠了一个商人一笔钱，到了该还的时候却无钱可还。按照当时的法律，欠债不还，就要坐牢。邓丽娜的父亲苦苦哀求债主同意他延期归还，债主不答应，要挟说，除非他的女儿邓丽娜愿意嫁给他才行。邓丽娜和她的父亲都不愿意，商人提出了一个让步的办法，让邓丽娜用摸彩的办法来决定。办法是：在商人的口袋里放上两块一黑一白的石子，让邓丽娜去摸，如果摸到的是黑石子，邓丽娜就嫁给他，当然欠债就免了；如果摸到的是白石子，邓丽娜既不用嫁给他，欠债也免了。邓丽娜决定试试自己的命运，但是她发现商人往口袋里放了两块黑石子。这样，无论她怎么摸，她都得嫁给这个商人。这个商人虽然有钱但没有文化、没有修养，邓丽娜很不情愿与这样的人一起生活，不过她想了一个办法，邓丽娜假装没有发现商人的花招，伸手前去摸石子。她摸到了一块石子后，看也不看，飞快地将其扔到河里。然后她对商人说："摸到的是什么石子也不用看了，只要看一看留在口袋里的是什么石子就可以了。"口袋里剩下的石子，当然是一块黑石子，这就是说，她摸到了一块白石子，按照协议，摸到了白石子，债务就免除，婚约也不存在。一般情况下，人们都是要看摸出的石子是什么颜色的。但邓丽娜把人们的注意力调了个方位，让人们注意留在布袋里的石子，结果她赢了，既救了父亲，又保护了自己。

6. 方法逆向

方法逆向是指在解决问题时，采取与惯用方法截然相反的方法的思维。

例如，在意大利有一个琴德餐馆，别出心裁地想出一个由顾客自定价格的经营方式。店主将餐馆经营的菜肴、点心、饮料等分成五六种一套，每种套餐分别规定五种价格，由顾客自己认付。实际情况如何？据老板介绍，大部分顾客都付一二等价格的，因为去餐馆就餐的顾客，认为自定价格偏低，有失体面。只有当顾客对餐馆的菜肴感到不合口味，或遇到质量不好时，才赌气付三等价钱。老板认为，让顾客自定价钱，一方面可以招来顾客；另一方面也可以根据顾客付款情况来反馈自己的服务质量，以便改进经营，提高菜肴制作水平。

再如，中国乒乓球优秀运动员马龙运用方法逆向的思维而采用了反手拉弧圈球技术在第十六届亚洲运动会乒乓球比赛男子单打和第五十届世界乒乓球锦标赛男子单打比赛中加以运用。他的反手拉弧圈球技术在发球段、接发球段、相持段的使用率和成功率都比较高。

第五节　侧向思维与转向思维

一、侧向思维

【示例二】

1792 年，音乐家海顿的乐队成员大为光火，因为公爵曾许诺给他们一个假期，却一而再、再而三地拖延。他们让海顿去跟公爵谈一谈放假的事，海顿想了想，决定用音乐说话，于是写下了《告别交响曲》。演出时，乐曲以整个乐队共同出场演奏为开始，但是随着乐曲的进行，乐谱上需要的乐器越来越少。每当一位乐手演奏完自己的那一部分乐曲之后，就吹灭自己的蜡烛，离开舞台。就这样，他们一个接一个地走下舞台，直到台上空无一人。公爵明白了其中的寓意，给了他们一个假期。

（资料来源：姚风云. 创造学理论与实战. 北京：清华大学出版社，2006.）

音乐家海顿用音乐说话而达到目的的想法和做法就是运用的侧向思维。

（一）侧向思维的含义

何谓侧向思维？我们给它下的定义是：侧向思维是指在正向思维或逆向思维方向之外而选择另一个角度进行思考的思维。

侧向思维和逆向思维都是与常规思维不同的思维。侧向思维和逆向思维二者的区别是：逆向思维在许多场合表现为与常规的正向思维方向相反，但轨迹与正向思维一致；而侧向思维与正向思维不仅在方向上，而且在轨迹上也有所不同，是偏重于在正向思维和逆向思维的轨迹之外而另辟蹊径的思维。它是指在正向思维和逆向思维的轨迹旁侧向外延伸的思维；二是指"从其他离得很远的领域取得启示的思维，这如同我国古代《诗经》中的"他山之石，可以攻玉"一样，这种正、逆向思维轨迹之外的侧向思维在思维实践中体现得很多。

（二）侧向思维的实际应用

1. 旁侧外向延伸的案例

例如，在一次国际评酒会上，中国的茅台酒由于装潢简朴，未受重视。酒商眼看好酒通过正式途径得不到承认，便以侧向思维，采用另一种非正式的办法，力促中国名酒得到世人的赏识。他装作失手，将酒瓶跌碎，顿时茅台酒的醇香四溢，举座皆惊，使评委们另眼相看，使茅台酒一摔成名。

又如，石版印刷术是塞尼费尔德在无意中发明的。一次，塞尼费尔德想在一块磨平的石板上写字，当他取来笔和墨汁时，却发现用炭、蜡、皂等做成的墨汁已经变得又干又硬。于是，他干脆用这种硬块直接写了起来。当他想擦掉这些字迹的时候，却怎么也擦不掉了，并且无论用水洗还是用布擦都无济于事。他干脆把酸液倒在石板上,想用酸液把字去掉。结果他发现酸液非但没有去掉要蚀去的字,反倒把原以为不怕蚀的石板蚀去了一层,把字清晰地留在了石板上。他在这一信息的侧向启发下,发明了不需雕版的化学制版印刷技术。

2. 从远领域得到启示的案例

例如,由于研究免疫力而获得了诺贝尔奖的俄国生物学家梅契尼克夫曾经为肌体同感染作斗争的机制问题绞尽脑汁,这个问题一度占据了他的整个心灵。一天,他对海盘车的透明幼虫进行观察,还把几个蔷薇刺向一堆幼虫里扔过去,那些幼虫马上把蔷薇刺包围了起来,把这个异物溶解掉了。吞噬作用学说就这样产生了,这是1888年的事。这个学说揭示了发生在高等动物和人体里的吞噬现象:吞噬细胞在炎症过程中起着保护肌体的作用。

又如,美国工程师杜里埃认为,为了保证内燃机有效地工作,必须使汽油和空气能够均匀地混合。可是,怎样来实现这种混合呢?这个问题一直纠缠着他。1891年,他看到妻子喷洒香水,于是从这个化妆器具得到启发,创造了发动机的汽化器。当然,汽化器也是一个喷雾器。

二、转向思维

(一)转向思维的含义

转向思维是指在一个思维方向受阻时,便转向另一个思维方向,经过多次思维转向而达到解决问题的目的思维。善于转向思维的人们,可以在各种思路变换中迂回前进,使其越来越接近解决问题的目标,直至最后取得成功。

(二)转向思维的实际应用

例如,新中国成立以后,我国理论界对于先秦道家的创始人老子的研究,观点分歧很大。特别是对老子是唯物主义者还是唯心主义者,争论不休。任继愈教授一开始也参与争论。他先认为老子是唯物主义的,可后来,他又发现自己的观点有问题,又从老子是唯心主义者的角度去思考,转向相反的观点上去了。可又过了一段时间,他忽然又觉得,确定老子是唯物主义者或唯心主义者似乎都太牵强。于是,他又彻底跳出圈子之外,又转向另一个新的角度去思考。他这次的思考是:是不是老子本身对唯物主义、唯心主义的问题还不太清楚?我们争论老子不曾想到过的问题又有什么意义呢?于是,他又站到了一个新的高度来认识老子。

【拓展阅读】朱可夫的动态思维

在第二次世界大战后期,苏联军队向退守在柏林的德军发动总攻击的前夜,这场战役的指挥者朱可夫元帅遇到了一个难题。本来,苏联军队是想趁着天黑发动突然袭击的,可是这天夜晚星光灿烂,部队难以隐蔽。如果贸然发起攻击,敌人对苏军的行动看得很清楚,苏军的损失肯定很大;如果放弃机会,就会贻误战机。朱可夫紧张地思索着,忽然,他有了一个主意,他下令把所有的探照灯都集中起来,用最强的光照射敌军阵地。在140盏探照灯的强烈光线照射下,德军眼睛睁不开了。苏军在明晃晃的灯光下突然进攻,冲破防线,打得敌人措手不及,迅速解决了战斗。这一军事战术的制定也是运用的动态思维。

(资料来源:钱瓜云. 韵造学理论与实践. 北京:清华大学出版社,2006.)

第六节 动态思维与超前思维

一、动态思维

（一）动态思维的含义

动态思维是一种运动的、调整性的、不断优化的思维活动。它要求思维根据不断变化的环境和条件来改变自己的思维程序和思维方向，对事物进行调整、控制，从而达到优化的思维目标。例如，优秀羽毛球运动员根据双方的运动特点，制定或选择战术方案，并在瞬息万变的局势中决定自己的行动就属于动态思维。

动态思维是由信息、反馈、控制、变动四要素以一定方式结合所构成的思维的动态过程。人类社会及其各个领域均是动态的系统。人类社会的发展，各个领域中的各项工作的运行和创新也均是动态的过程。所以，如果人们不根据信息、反馈、控制、变动等去进行动态思维，必将使工作脱离实际，一事无成。

（二）动态思维的含义

动态思维各个领域均有体现，并能产生较佳的效果。

1. 动态思维在政治领域里的体现

在政治领域，从治国方略看，动态思维多有体现。例如党的十六大提出的"高举邓小平理论伟大旗帜，全面贯彻'三个代表'重要思想，继往开来，与时俱进，全面建设小康社会，加快推进社会主义现代化，为开创中国特色社会主义事业新局面而奋斗。""继往开来，与时俱进"就是一种动态思维。又如我国《国民经济和社会发展第十一个五年规划》的制定就是运用动态思维，在总结"十五"期间经济社会发展经验的基础上而制定的。

2. 动态思维在科技领域里的应用效果

在科技领域更需要运用动态思维进行科学技术研究。在科技领域，从我国的航天科技研究和开发看，科技人员运用动态思维，所研制的"神舟六号"飞船与"神舟五号"飞船相比，优化了全船配置、减轻了结构重量，合理安排了新增设备在轨飞行工作模式，保证了飞船的能量平衡，进一步提高了飞船的可靠性和安全性。发射"神舟六号"的"长征二号F型"火箭与发射"神舟五号"的火箭相比做了一些改进，使火箭升空后，震动大大减少，宇航员感觉到更加舒适。火箭还增强了安全措施，重要设备之间增加了物理隔离，其他薄弱环节也得到改进和增强。"神舟六号"也根据天气等客观情况的变化和飞船的运行状态而运用动态思维来决定何时发射和何时返回地面。

3. 动态思维在经济管理领域里的应用效果

依据管理的动态的特点，作为企业家，在经营管理活动中，就要两眼紧盯住市场，并根据观察所得，进行动态思维，不断调整其经营策略。这样，才会使企业有较大的发展。

例如，世界船王包玉刚起家时只有一条27年船龄的8 700吨货船，经营煤炭运输。后来发展成为一位拥有1 800万吨、160条船的世界船王。他的发迹主要是凭借他在经营中进行动态思维，不断调整经营策略，及时抓住一个个商机。20世纪50年代后期，日本急需海上运输，又无力建造船只，而需要外借船只。正好当时香港汇丰银行资金无出路，包玉刚乘机与之合资，购买旧船，为日本承担运输。60年代，日本经济起飞，想自己造船，但又不愿自己经营，因为，雇用日本船员工资高，便决定向外国人提供低息贷款在日本造船，再租回来使用，包玉刚又借此扩充了船队。1967年中东危机，石油运输紧张，包玉刚看准时机，又进行动态思维，决定订造10万吨以上超级油船，进一步取得了优势。

4. 动态思维在体育领域里的应用效果

在体育领域里，各种体育训练经常要运用到动态思维。

例如，太极拳教练为了适应现代社会的需要，对太极拳做了一定的改变，让其能够更加适应现代人群的需要。另外，由于学习人群的不同，也要根据不同的情况对太极拳加以演变，使得它能够更符合不同人群的需要。

二、超前思维

（一）超前思维的含义

何谓超前思维？超前思维也称预测性思维。它是根据对事物发展进行预见性的推理，进而对将要发生的事物做出科学预测，并调整对眼前事物认识的一种思维过程。

（二）超前思维的特点

1. 思维对象的未来性

通常的思维认识对象是指在时间、空间中已经客观存在的现实事物、事件和现象。而超前思维则不仅要超越过去，而且要超越当前现实存在的事物、事件和现象，把思维认识的对象向尚未在现实存在而可能发生的未来事物、事件与价值尺度延伸。例如，党的十六大制定的到2020年我国要实现"全面建设小康社会"的宏伟目标，就体现了思维对象的未来性。2011年3月5日，第十一届全国人大四次会议审议批准的《国民经济和社会发展第十二个五年规划》也是如此。

2. 思维过程的前瞻性

超前思维是对将要发生的或未来的事物做出科学预测。而如何认识现实中尚不存在、未来有可能出现的事物呢？其实现实是过去的延续，未来又是现实的延续，对未来的认识是通过对过去和现在的认识来把握的。超前思维的过程不仅思考过去和现在，还要根据对过去和现在的思考，将思维向前推移，即借助对事物发展的规律性的认识，从前提条件推导出对未来事物的科学认识。这就是超前思维的前瞻性。例如，对于一个工厂每年的产值、一个商店每个月的销售量的时间序列数据，仔细分析其趋向性、周期性、季节性和随机性，便能前瞻性地推出事物的变化趋势。

3. 思维方法的探索性

过去已发生的事物、事件、价值尺度是既定的，不会再改变的，因而，要研究这类对象，只要搜寻到足够的资料，就可以依赖逻辑性推理引出确定、可靠的结论。而未来对象是一种可能出现的对象，因而，对其研究只能用探索、推测的方法，如惯性分析、类推分析、因果分析、概率分析、趋势外推等方法，来勾画出一个大概轮廓，导引出一个模糊量值，具有很大的探索性。

（三）超前思维的应用效果

1. 超前思维在军事战略中的应用效果

抗日战争初期，国内外议论纷纷，战争的进展会怎样？中国会不会亡？许多问题摆在我们面前，当时，毛泽东指出：第一，抗日战争的最后胜利是属于中国的；第二，抗日战争是持久战；第三，抗日战争要经过战略防御、战略相持、战略反攻三个阶段。毛泽东以超前思维作出这些科学预见，可谓标新立异，独树一帜。它驳回了当时社会上颇为流行的"亡国论"和"速胜论"。后来，抗日战争的发展和结局，应验了毛泽东的预言。同时，抗日战争这台有声有色、威武雄壮的正剧，使每一个身临其境的人大开了眼界，由此看到了马克思主义和毛泽东思想能够而且必须走到实际斗争前头，看到了毛泽东的超前思维所得出的伟大的科学预见对历史的进程所发挥出的惊人的指导作用。

2. 超前思维在发明创造中的应用效果

17世纪，英国天文学家哈雷预言哈雷彗星就是一个典型的例子。这位英国格林尼治天文台第二任台长，是靠自学成为天文学家的。他19岁写出一篇确定彗星轨道要素方法的论文，交给了英国皇家学会。但哈雷的成名在于他预言了后来用他的名字命名的一颗大彗星。1705年，哈雷公布了他根据牛顿提出的方法所确定的从1337年到1698年之间出现的24颗彗星的轨道要素。他发现其中1351年、1607年和1682年出现的三颗彗星的轨道要素是相似的，而且都是围绕太阳的扁椭圆。牛顿在这以前曾指出，至少有一些彗星围绕太阳沿着扁椭圆轨道运行，并且周期地回到近日点。这三颗彗星都相隔75~76年，因此，哈雷断定这三颗彗星实际上就是一颗彗星。这样在他头脑中建立了那颗彗星这种事件的因果链，并根据已有的三次经验，预言它在1785年前后将再次回来。那年年底，这颗彗星果然如期回来。后来又在1835年和1910年来过两次。

另外，许多商品的更新换代，许多管理制度的不断完善，许多操作规程的逐步合理化，直至很多重大的改革与发明，都是运用超前思维所获得的硕果。

3. 超前思维在企业发展中的应用效果

超前思维是面向未来的思维，运用超前思维谋划企业未来的发展决策，能收到较好的甚至是惊人的远效应。例如，1973年，世界上出现了所谓"石油危机"，严重冲击了依赖能源的汽车制造业。但是，世界闻名的美国克莱斯勒汽车公司却一如既往，照样生产耗油量大的大型汽车，结果在1978年世界"石油危机"再度出现时，大型汽车的销售量大大下降，存货如山，每天损失200万美元，使企业面临破产。而具超前思维的日本丰田汽车公司的经营者是在20世纪50年代末就已经预见到，由于石油逐年减少，石油危机即将到来，将来人们的价值观将会改变，买车时必须考虑怎样省油，因此20世纪60年代初制定了以省油技术为中心的汽车技术政策。结果省油车在20世纪70年代进入世界市场，击败了号称汽车之王的美国。

除了军事家、科学家和企业家经常用超前思维思考问题外，政治家和其他人也是如此。中国改革的总设计师邓小平同志的"教育要面向世界，面向未来，面向现代化"的三个面向，便是超前思维在重大决策中的深刻体现。

第七节 分离思维与合并思维

一、分离思维

分离思维是将思考对象分开剥离进行思考,从而找到解决问题方法的思维。

中医把人体作为一个黑箱,以望、闻、问、切等手段从外部功能上进行诊断,而西医却要"打开"人体"黑箱"对其不断地分解来进行诊断。

人们经常运用分离思维将产品的结构进行分解后对其进行调整改进,以增强产品的竞争力。

例如,中国台湾久津实业公司生产的"津好营养果菜汁"是一种采用胡萝卜、菠菜、蜂蜜、柠檬、凤梨、柑橘等为原料的混合饮料制品。为了使这种新产品有一个好的销路,不断扩大市场占有率,公司特别将包装、价格和名称三方面分离开来,分项进行改进。

(1)在包装方面,他们注重消费者的意见,在罐头顶端又加一个塑料盖子,盖子内置一枚开罐器,以求陈列在各类食品店与超级市场的货架上,让消费者有与众不同的感觉,吸引消费者注目。

(2)在价格方面,普通小罐定为每罐10元新台币,家庭号的大罐定为每罐15元新台币,此价格比一般果汁罐头售价稍高。

(3)在命名方面,消费者曾选择了"田园"二字,厂家感到吸引力不够。经过举行数次会商,才决定命名为"菠蜜",富有强调菠菜、蜂蜜等原料精华制成的意义。这样分离后的分项改进,使新产品非常畅销。

又如,美国一家名叫"通用"的宠物食品公司,准备推出一种新的罐头狗食。众所周知,美国是全世界最大的消费市场,各行各业的竞争都非常激烈,任何新商品想在行业领域出人头地都是件十分困难的事。单是一种狗罐头就有数十上百种品牌,个个有其特色,个个有其吸引力,后来者想"居上"可不是件容易的事。该公司为了杀出重围,企询部门想出了一个策略——将狗食分为三种。

(1)老狗食,高龄狗专用。广告词为:吃通用牌老狗专用食品,使您的爱犬延年益寿,使家庭更和谐、温馨。

(2)中狗食,壮、中年狗专用。广告词为:吃通用牌中狗专用食品,可使您的爱犬有强壮的身体,帮助您把"家"看得更好。

(3)小狗食,幼、小狗专用。广告词为:通用牌小狗专用食品,可促进小狗发育,快速成长。

人们从年龄上看狗,大多只分大、中、小三种,而三种狗都被这个策略锁住。这个"市场区隔"策略,使通用狗食在琳琅满目的狗食市场中异军突起,在短短的半年中就稳稳地立足于市场。

再如,发明家在构想洗衣机的发明时,在"智力激励会"上,由主持人提出了一个问题：怎样才能将物体与物体分离？因为洗衣也是一种分离。会上有人说，用水冲刷沙子，沙子冲走了，留下了金子这是一种分离；有人说，过滤是一种分离；有人说轮船离开码头是一种分离；还有人说，用化学制剂洗刷烧杯上的污垢，是一种分离。这些分离思维的共鸣激发了新思想，于是，洗衣机就发明问世了。

二、合并思维

合并思维是指将几个思考对象合并在一起进行思考，从而找到一种新事物或解决问题的新方法的思维。

例如，第一次世界大战时，有一名叫斯文顿的英国记者随军去前线采访，他亲眼看见英法联军向德军的阵地发动攻击时，牢牢守着阵地的德国士兵用密集的排枪把进攻的英法士兵成片地扫倒。斯文顿非常痛心，他清醒地看到，肉体是挡不住子弹的。冥思苦想之后，他向指挥官们建议，用铁皮将福斯特公司生产的履带式拖拉机"包装"起来，留出适当的枪眼让士兵射击，然后让士兵们乘坐它冲向敌军。他的建议很快被采纳，履带式拖拉机穿上了盔甲之后，径直冲向敌人，英法士兵的伤亡大大减少。德国人望车而遁，兵败如山倒，这就是坦克的雏形。坦克为英法联军战胜德军立下了汗马功劳，成为第一次世界大战中最有影响力的发明。显然，坦克就是履带式拖拉机外包厚铁与枪炮合并而成的，它是记者斯文顿合并思维的产物。

三、分离思维与合并思维的关系

中国的远古时代，人类为了增强自信力和实现征服自然与改善生存环境的愿望，创造了许多美好的神话传说。这些神话传说中的许多"神""神人"或"英雄"很多都是龙蛇之身，如"女娲""盘古""伏羲"等。闻一多曾指出：古代"龙"是由大蛇演变而来的，是蛇加上各种动物而形成的。它以蛇为主体，"授了兽类的四脚、马的头、鬣的尾、鹿的角、狗的爪、鱼的鳞和须，便成为我们现在所知道的龙了。这样看来，龙与蛇实在可分而又不可分"。从认识论的角度看，蛇和龙的主要区别在于，蛇是现实的表象，龙却是超现实的想象。从分离思维的角度看，龙与蛇是可分的，从合并思维看，龙与蛇又是不可分的。从龙的形象中，可以清楚地看到分离思维与合并思维的作用关系。分离思维与合并思维往往是不可分的，是相辅相成的关系。二者往往是连续运用，既可先分离再合并，又可先合并再分离，最后达到思维的目的。

在解决棘手的问题时，分离思维和合并思维的运用也能收到意想不到的效果。例如，中国民间广泛流传的曹冲称象的故事可以称为分离思维与合并思维应用的典例。在当时的条件下，最大的秤也只能称200斤，而要称的大象重量却有上万斤。怎样才能称出大象的重量？其他人无计可施，而年幼聪慧的曹冲却运用分离思维和合并思维解决了这个难题。他的做法是：以木船为媒介，把大象分解成等量的石头，由石头的可分离性，分秤称其重量，然后将各次称得的重量相加，合并成大象的准确重量。

分离思维和合并思维在日常生活中多有体现。例如，儿童的积木玩具就是运用分离思维和合并思维研制出来的。先分别制出各种积木，儿童做游戏时，再将其合成各种形状的物体。又如，饮食烹调中分别准备出各种原料，而后再根据口味、花色、形状的需要组合成各种菜肴和主食。奥斯本在他的《创造性想象》一书中写道："一天早晨，我从家里出来，经过厨房时，我看见我的妻子和女儿正在计划一天的食谱。在订菜单的时候，她们首先想到所需的原料。然后，她们把这些东西切开，搅拌在一起，一边烹调，一边添加佐料。鸡肉、白菜和面团做成炒面。她们的技术就在于把这些材料搅拌在一起。"这就是分离思维和合并思维在日常生活中的具体运用。

在思想政治工作中，也可运用分离思维和合并思维。例如，为了统一思想，可将工作对象分类或分组，分别进行加工，而后再达到思想上的统一。

【拓展阅读】中国武术及太极拳是中国哲学思想的形象性思维

中国武术及太极拳是中国哲学的重要表现形式，它是中国哲学思想的形象思维，也是一种创造性思维。

形象思维是运用意象进行联想和想象，形象思维的"细胞"是形象的意象。形象思维作为一种思维方法，它是在形象地反映客体的具体形状或姿态的感性认识基础上，通过意象、联想和想象来揭示对象的本质及其规律的一种思维形式。

中国武术及太极拳，它以追求人体实战技术技能为主要目的，以人体武术哲学运动形象思维的方式，创造性地表现出人体武术运动的哲学形象，并通过这一形象观念反映出事物发展的本质规律。

在中国武术及太极拳形象观念中，不仅创造性地把中国古代哲学朴素的辩证法思想"阴阳学说"在这一形象思维中复制出来，还创造性地把现代哲学辩证法思想在这一形象思维中复制出来，所以中国武术及太极拳形象思维不仅是中国哲学思想的一种表现形式——形象思维，还是中国哲学思想的一种发展形式——形象思维发展形式，它作为哲学思想的人体运动形象思维，不仅是中国哲学的重要表现形式，也是一种创造性的思维。

（资料来源：张菱.辩证思维规律是太极拳形象思维的客观规律.新浪网，http：//blog.sina.com.cn/s/blog^4ba53baK）100f761.html）

形象思维是一种借助于具体的形象来展开的思维过程。形象思维的用途非常广泛，正如杨春鼎同志所说："除文艺创作外，人类的一切感性的社会实践也都要用到形象思维。例如，在科学研究过程中，物理学家观察、识别并描述光和电的物理现象；化学家想象并设计复杂的分子模型；天文学家观测满天繁星的夜空，想象银河星系的形态；动物学家解剖动物的肢体，在显微镜下观察细胞的结构等。在工程技术和生产过程中，工程师构思设计建筑物或机器零件的模型；炼钢工人从钢水的色彩变化中识别判断转炉的温度；火车司机用小锤敲打车轮从声音中判断车轮的好坏等。在医疗工作中，医生通过察言观色、搭脉、看舌苔、听心音等诊断疾病，这属于复杂的形象判断，也离不开形象思维。在日常生活中也充满了形象思维的活动。如对家人熟人在体态形象上的识别；儿童们对梨子、苹果等不同水果的识别，以及回忆往事、描述旅途见闻等，也要用形象思维。"

形象思维又具体地体现为想象思维、联想思维、直觉思维、灵感思维等思维形式。后续分别对这四种思维形式作具体阐释。

第八节 想象思维

一、想象思维的含义

（一）什么是想象思维

什么是想象思维呢？从心理学角度概括来说，所谓想象是人脑对记忆中的表象进行加工和改造以后，组合成新形象的过程。根据巴甫洛夫学说，想象是就已有的暂时神经联系的重新组合或搭配，即过去已形成的各种暂时神经联系在新的系统顺序的基础上，所组成的一种新的联系。

（二）对想象思维的研究和评价

西方最早提到想象思维的是古希腊的亚里士多德。他在《心灵论》中说："想象和判断是不同的思想方式。"罗马时代的裴罗斯屈拉塔斯也曾说过，"想象是用心来创造形象"。文艺复兴时的美学家和文艺理论家差不多都谈到了想象。例如，马佐尼把想象看成是"制造形象的能力"。培根在《学问的推进》中认为人类的认识能力也有三种：记忆、想象和理智。17世纪的新古典主义者虽然强调理性，但也并不全部否定想象。18世纪的启蒙运动者，更把想象与感情结合起来，看成是文艺天才的一种特殊才能。英国经验派对想象的问题，进一步从生理学和心理学的角度作了深入细致的探讨。德国古典美学的奠基人康德把想象力与理解力的自由和谐看成是审美活动的基本特点之一。黑格尔也很重视想象，他说："最杰出的艺术本领就是想象。"

在中国思想史上，第一个给想象一词作本质说明的是韩非，他不仅从词源学上说明了想象一词的产生，而且从思维学上揭示了想象的性质：不是感觉，而是思维。他从主客体关系方面阐明：想象中客体的具体形象并不直接呈现在主体的感官之前，而是显现为心灵的回顾与前瞻。中国古代文论家和画论家的很多研究也都揭示出想象的意义。中国古代也十分重视想象。

总结过去的经验，革命导师马克思、列宁和其他著名科学家与艺术家对想象的作用均给予了很高的评价。

在《马克思恩格斯论艺术》第二册中，马克思说：想象力是"十分强烈地促进人类发展的伟大天赋"。列宁也曾评价说："成功的创造发明都离不开想象。"

在《爱因斯坦文集》第一卷中，爱因斯坦说："想象力比知识更重要，因为知识是有限的，而想象概括着世界上的一切，推动着进步，而且是知识进化的源泉，严格地说，想象力是科学研究中的实在因素。"他还说过："现实世界只有一个，而想象力却可以创造千百个世界。"

高尔基直接把想象看成是艺术的思维，他说："想象在其本质上也是对世界的思维，但它主要是用形象来思维，是'艺术'的思维。"

俄国教育家乌申斯基说:"强烈的活跃的想象是伟大智慧不可缺少的属性。"

我国著名文学家茅盾说:"创作文学时必不可缺的是观察的能力与想象的能力,两者缺一不可。"

二、想象思维的分类

想象思维可分为再造性想象、创造性想象和憧憬性想象。

(一) 再造性想象

再造性想象的形象是曾经存在过的或者现在还存在着的,但是想象者在实践中没有遇到过它们,而是根据别人或语言、文字、图样的描述,在头脑中形成相应的新形象的心理过程。

例如,在学习历史的时候,头脑中就会构想出种种历史场景;阅读文学作品时,眼前便会浮现出各种人物形象。这就是再造性想象。

又如,机械工人根据机械图纸而想象出机器的结构和形状。技术人员根据某人从国外回来所说的某种产品外形和功能,想象出它的基本原理及内部大致构造等。这也是再造性想象。

(二) 创造性想象

创造性想象是根据一定目的和任务在头脑中创造出新形象的心理过程。

作家在头脑中构成新的典型人物形象就属于创造性想象。这些形象不是仅仅根据别人的描述,而是想象者根据生活提供的素材,在头脑中通过创造性的综合,从而构成前所未有的新形象。鲁迅先生曾说:"小说也如绘画一样,有模特儿,我从来不用一整个,但一肢一节,总不免和某一个相似,倘使无一和人相似之处,即非具象化了的作品""模特儿不用一个一定的人,看得多了,凑合起来的。"他笔下的阿Q、祥林嫂和狂人等都是这样的艺术形象。再如,飞机设计师设计新型飞机,建筑装潢设计师设计音乐厅或会客厅的装潢图等也都需运用创造性想象。

近些年出现的一些形象化的新概念的词汇,如"信息高速公路""铁路信息港知识爆炸""纳米技术""虚拟机床""物流""下海""跳槽""菜单""桑拿天"等也都是创造性想象的体现。

创造性想象是一种比再造性想象更复杂的智力活动,但二者又有密切联系。首先,它们都以感知为基础,都是在原有表象基础上进行加工改造,重新组合新形象。其次,依据描述进行再造想象时,对想象者来说或多或少都含有不同程度的创造性想象成分,而创造性想象中也有再造性想象的因素,如参照已有的资料等。所以,在理解上绝不能把二者对立起来。

(三) 憧憬性想象

憧憬性想象是一种对美好的未来,对希望的事物,对某种成功的向往。憧憬性想象也就是我们平时所说的幻想。列宁曾高度评价这种想象在科学研究和人们实践活动中的重要作用。他指出:"这种才能是极其可贵的。有人认为,只有诗人才需要幻想,这是没有理由的,没有它,就不能发明微积分,幻想是极其可贵的品质。"

无数事实证明,憧憬性想象常常是科学发现、技术发明和艺术创作的先导。

例如,德国化学家凯库勒,终日埋头实验室,试图找出苯分子结构。回到家中之后,他就坐在火炉前,在半梦半醒之间,眼前的煤炭和火给他以想象。他后来回忆道:"我把椅子移向火炉,开始打盹。原子又像往常一样,在我眼前雀跃蹦跳。这一次,较小的那群原子安分地待在后面。我脑中的那双眼,在反复凝视这类视觉影像之后变得更锐利了,现在,我看出了较大型的结构,它们呈现出多重组合。长的原子串有时候能比较紧密地结合,它们像蛇一样扭转运动。但是看,那是什么?蛇群中的一只咬住了自己的尾巴,好像在嘲笑我一样在我眼前不停地旋转。然后,我就像被一道闪电击中般地苏醒过来了。"他从这一憧憬性的想象中悟出苯分子结构正是这样一个环形,就这样弄清了苯的环形结构式。梦幻中想象出科学发现的例子很多。

又如,许多文学艺术作品也都是憧憬性想象的产物,如前所述的小说和电影《哈利·波特》以及我国古典名著《西游记》、《嫦娥奔月》等民间故事、敦煌莫高窟壁画的"飞天"形象等。

值得注意的是,上述再造性想象、创造性想象和憧憬性想象是否正确,要以实践检验为准。想象在发明创造中具有重要作用,但是如果脱离实践检验,则可能带来意外的坏处。

美国科学家贝弗里奇说:"在探索新知识的过程中,想象力如不受到检验,也可能酿成危险,丰富的想象力需用批评和判断来加以平衡。"

[拓展阅读] 刘慈欣《三体》获雨果奖 中国科幻已具世界影响力

2015年8月23日,在美国华盛顿州西雅图市举办的2015年"雨果奖"结果最终揭晓,中国科幻作家刘慈欣的长篇科幻小说《三体》不负众望,获得最佳长篇小说奖。英文版翻译者、华人科幻作家刘宇昆代领奖项。《三体》此次获奖是中文作品和中国作家第一次在国际科幻作品大奖中获得奖项。

"雨果奖"是世界科幻协会所颁发的奖项,自1953年起每年在世界科幻年会上颁发。

"雨果奖"堪称科幻艺术界的诺贝尔奖。在世界科幻界,"雨果奖"和"星云奖"被公认为最具权威与影响的两项世界性科幻大奖。

《冰与火之歌》作者乔治·马丁在之前曾经预测:"我认为《三体》会成为第一部夺得雨果奖的中国作品。"

《三体》最终还是众望所归,夺得"雨果奖"最佳长篇小说奖,这说明中国科幻已经具备世界级的影响力。复旦大学中文系教授严锋称,"祝贺大刘为中国科幻写下了光辉的一页!雨果奖堪称科幻领域的诺贝尔奖,而且比诺贝尔文学奖更专业,更纯粹,更关乎文学的核心要素:想象。荣耀属于大刘,属于所有热爱科幻的人们,也属于雨果奖与科幻本身。科幻生于西方,长于西方,在东方也找到了沃土,这是科学与想象超越国界的人类意义的最好证明。"

(资料来源:网易,http://hebei.news.163.com/15/0823/16/B1NDIDJS02790BHKJitml)

三、提高想象思维能力的方法

要从事创造,就必须培养和提高想象思维能力。要提高想象思维能力,可采用以下几种方法。

(1)培养丰富的情感。因为情感丰富的人,他的想象会充满生动的色彩,使人兴奋,促使他取得成功。要做到这一点,平时要多想美好的事情,多想成功的事例,以唤起自己对事业成功的追求,对美好生活的追求。

(2) 多跟小孩儿玩。小孩儿无拘无束,有着无限的想象力。玩时要换上童心,进入角色,在努力把扮演的角色演像和具有个性之中提高自己的想象思维能力。

(3) 多自己动手做东西,少买现成的。一旦开始动手做,就不得不考虑材料、做法、放置等一系列问题,对这些问题的思考会极大地刺激想象思维能力。

(4) 多对今后的生活、科技发展等进行预测。如果能在预测的基础上写出科幻小说就更好了。

第九节 奥斯本检核表法

一、奥斯本检核表法简介

检核表法又称设想提问法或分项检查法。它是由美国创造学家奥斯本发明的,是创造学界最有名、最受欢迎的创造技法。

奥斯本曾担任过美国 BBDO 广告公司经理,是美国创造基金会的创始人,也是世界上第一个创造技法——"智力激励法"的发明者。他在《发挥独创力》一书中介绍了许多创意技巧。美国麻省理学院创造工程研究室从书中选择出 9 项,编制成《新创意检核表》。它成了人们现在常提到的奥斯本检核表。

所谓"检核表是人们在考虑某一问题时,为了避免疏漏,把想到的重要内容扼要地记录下来制成的表格,以便于以后对每项内容逐个进行检查。

奥斯本是首位将检核表用于创造发明的创造学家。麻省理工学院根据需要解决的问题,或者需要创造的对象,将此列检核表,如表 2-1 所示。

表 2-1 奥斯本检核表

记号	检核项目	新设想名称	新设想概述
1	有无其他用途		
2	能否借用		
3	能否改变		
4	能否扩大		
5	能否缩小		
6	能否代用		
7	能否调整		
8	能否颠倒		
9	能否组合		

奥斯本检核表法应用面极广，几乎适用于所有类型与场合的创造活动，以及非创造性的常规问题的分析研究方面。

二、奥斯本检核表法的具体内容及其应用实例

（1）现有的发明是否有其他用途，是否可直接用于新的用途？或改造后用于其他用途？简而言之是"有无其他用途"。例如，谐波减速器研制成功后，用在登月车上，解决了登月车的减速器问题；将其用于机器人上，又可使机械手运动自如；将其用于全位置自动焊机上，解决了船内管子焊接问题。

（2）现有的发明是否能够应用其他设想，是否与过去的设想相类似，是否暗示了某些其他设想，是否能够加以模仿，是否可以向谁学习？简而言之，"能否借用"？例如，日本一位专家给奶牛设计一套服装，包括裹住肚子的披肩及为角留有小孔的风帽，这种衣服是用人造纤维制造的，再覆盖上一层薄薄的防辐射层，以保护奶牛免受夏天的酷热和冬天的寒冷，使之生产更多的牛奶。这位专家就是借用人穿衣的"经验"而想到这一创意的。

（3）现有的发明是否可以修正，是否有新的想法，是否能改变意义、颜色、运动、声音、香味、样式和类型等，是否可以有其他变化？简而言之，"能否改变"？例如，日本奈良林木实验室将圆木用巨型微波炉加热到100℃使其变软，再加压使圆木变为方木，提高了木材的利用率。

（4）现有的发明是否可以扩大一下，是否可以增加些什么，是否要延长时间，是否可提高频率或增大幅度，是否可以更高些、更长些、更厚些，是否可以附加价值，是否可以增加材料，是否可以复制或加倍乃至夸张等。简而言之，"能否扩大"？例如，南京大学物理学教授用"气相沉积法"在各种刀具、手表表面、装饰品表面涂上一层金刚石薄膜，大大提高了硬度和耐磨度，使其延长了使用寿命。

（5）现有的发明是否可以缩小，是否可以减少些什么，是否可以更小些，是否可以微型化，是否可以做到浓缩、更低、更短、更轻或更加省略，是否可以分割？简而言之，"能否缩小"？例如，应力应变试验，为找出疲劳失效线，必须作很多次试验求出对称循环应力σ，可是贝格赛疲劳线可以不找σ，大大减少了试验次数和资金。后来有人在贝格赛线基础上又提出二次椭圆方程，不仅简化了过程，且精度不降低。又如，日本大阪西卡公司推出的超轻型老花眼镜，只有4.5克重（相当于普通眼镜的五分之一），度数可调，上市不到一年，就在世界50多个国家售出2000余万副，从而，以"世界上最受老人欢迎的老花眼镜"载入最新版的《吉尼斯世界纪录大全》。

（6）现有的发明是否可代用，谁能代替，可用什么代替，是否可以采用其他材料、其他素材、其他制造工序或其他动力，是否可以选择其他场所、其他方法或是其他音色。简而言之，"能否代用"？例如，机械方面用电木代替钢材的齿轮，用球墨铸铁代替钢材的曲轴，用直蚌线原理制作的内燃机代替现有的机器，都是符合这个原理的。

再如，清洗机器零件大多使用汽油，既浪费了大量能源还不安全，现在有人用加了表面活性剂的水溶液来代替汽油，清洗效果好，价廉物美，受到欢迎。

（7）现有的发明是否可以重新排列，是否可以替换要素，是否可以采用其他顺序或其他布局，是否可以置换原因和结果，是否可以改变步调或改变日程表？简而言之，"能否调整"？例如，让柴油机用80%的天然气和20%的柴油的混合物，并把汽油机中的汽化器用在柴油机上，最后得到成功。又有人利用磁场把柴油分子聚合，节省了原料。又如，在大型建筑工地，施工的程序进行适当的调整，往往可以大大提高工程的进度。服装厂根据社会的实际需求决定各种尺码服装的生产计划，也可以提高其销售量。

（8）现有的发明是否可以颠倒，是否可以正负替换，是否可以换一换方向？简而言之，"能否颠倒"？例如，飞机本来是在头上装螺旋桨，如装在顶部，就有了直升机。又如，曲柄滑块机构，曲柄主动，滑块从动，可制成水泵等；颠倒过来，滑块主动，曲柄从动，则可制成内燃机等。

（9）现有的几种发明是否可以组合，是否可以统一？简而言之，能否组合？例如，陕西省一家工厂把平刨机、凿眼机、开榫机、木工钻、木工车床组合在一起，制成一种多功能的小型木工机床，很受小型木工厂和家庭木工作坊的欢迎。就用这一检核方法，也可先将研究对象或改变或扩大或缩小或调整或颠倒之后再组合，即先分部改革后再组合。

不难看出，奥斯本的检核表内容比较全面，有利于创造者进行多角度的扩散性思考，有利于突破习惯性思维和突破不愿提问的心理障碍。

在创造过程中，从给定信息出发，对照检核表的九个项目，逐项提问思考，就可产生出相应的新信息、新设想。这种方法适用于各种类型和场合的创造活动，故而被创造学界誉为"创造技法之母"。很多创造技法都是在"检核表法"的基础上发明出来的。

三、奥斯本检核表法的特点和运用要点

1. 奥斯本检核表法的特点

（1）检核表法的逐项提问思考是一种强制性思考，有利于突破不愿提问的心理障碍。

（2）检核表法的逐项提问思考是一种扩散性思维。

（3）检核表提供了创造活动最基本的思路。采用了检核表这一工具，可以使创造者尽快地集中精力朝提示的目标和方向思考。

2. 奥斯本检核表法的运用要点

（1）要进行技法培训。奥斯本检核表法实际上是一种综合技法。它涉及许多其他技法，如其中1、2实际上属于移植法，3~7与列举法关系密切，9是组合法。因此，在使用检核表法之前应对所涉及的技法组织培训，理解其含义，学会分析思考的方法。

（2）检核内容可作适当改变。虽然奥斯本的检核表是九大内容。但具体使用时应灵活掌握，应根据活动的主要目的，检核创造对象的具体特点、已发现的老大难问题及市场上同类产品的行情来设计检核表。

（3）检核表的设计应当稍微大些。设想的概述除了填在简表上以外，还应有详细的说明（写在附纸上），必要时应画图，便于筛选者能了解创造者的本意。

第十节　对奥斯本检核表法的改进

人们发现运用奥斯本检核表法存在不便记忆、过于烦琐等不足，开始从不同的角度对它

进行了改进。

一、动词提示检核表法

这是我国创造学家许立言教授等针对奥斯本检核表中每一条项目内容烦琐、句子及说明冗长难记、主题不够突出等缺点，并在总结前人经验创造出来的一种以动词提示代替原项目内容的检核表，称为动词提示检核表。这种新表主题突出、思路清晰、易懂易记，深受我国广大群众欢迎。我们将动词提示检核表列出如下。

（一）加一加，还可添加点什么？

例如，航天飞机实际是飞机加宇宙飞船又加火箭的组合。

（二）减一减，还可减去点什么？

例如，将眼镜架去掉，再减小镜片，就发明制造出了隐形眼镜。

（三）扩一扩，在功能、结构上还可扩展吗？

例如，宽银幕电影、一物多用的工具——多用刀、多用剪子、多用起子均是扩一扩的结果。

（四）缩一缩，在功能、结构上还可缩减吗？

例如，日本精工公司推出的袖珍彩电便是缩一缩的成果。

（五）变一变，可以变化吗？

例如，据研究表明，黄光照射胡萝卜，可加快生长；红光照射黄瓜可提高产量。根据不同作物的需要，可生产不同颜色的农用塑料薄膜，改变单一白色的状态。

（六）改一改，何处可以改进呢？

例如，宁波市标准件二厂工人魏山发明的变形金刚式的万能自行车，仅用一把扳手，不用任何附件，可将一辆车变换出108种样式。如脚刹车、脚转向、前轮驱动，可用于代步、康复、娱乐、载货、车技训练等。

又如，胡耀民在全国平板玻璃包装设计竞赛中，一改通常的固定防震为缓冲防震，一举成功，获竞赛奖金10万元。

（七）联一联，与其他有什么联系呢？

例如，非洲南部旱季缺水，人们找不到水源，但发现狒狒不搬家，它们一定清楚哪儿有水源。于是，人们设下连环计，设法给狒狒吃盐，然后再跟踪它找水源，用这个方法，最后终于找到了水源。

（八）学一学，有什么事物可让自己模仿、学习一下吗？

例如，美国福特汽车公司，为开发新产品，广泛搜集各国名牌车，逐项分析各自优点，组织人员评出400多项优点，有80%的优点体现在金牛座和黑豹车上，创出了自己的名牌。

（九）代一代，可用别的代替吗？

例如，用纸代布，制成纸衬衣领、纸领带、纸太阳帽、纸内衣、纸结婚礼服等一次性产品，色彩鲜艳、造型别致、价格低廉，在国际市场上甚为走俏。

（十）搬一搬，搬到别的场合可用吗？

例如，金属电镀使产品闪闪发光，电镀能否搬到塑料上呢？目前已开发出的塑料电镀已使塑料制品面目全新。

（十一）反一反，反过来考虑会怎样呢？

例如，为进口车生产配件的某厂，在广告中一反常规，不写优点，而写明本厂产品比原装零件耐用率低30%，欲购者请三思。该厂坦诚道出产品短处，反而生意兴隆。

（十二）定一定，还要规定些什么呢？

例如，上海市昌邑小学科学小组用"定一定"的方法发明了"读书姿势红绿灯"。放在桌上离胸部20~25厘米的地方，姿势正确见绿灯，趴在桌子上的见红灯，斜坐见到半红半绿灯。有了这样的规定，就可以随时矫正读写姿势，保障身体健康，使体形健美，视力正常。

二、5W1H法

这是由美国陆军首创的通用性极强的检核表，可以广泛用于改进工作、改善管理、技术开发和价值分析等方面。它类似于我国创造学家提出的动词提示检核表法。它充分利用了英文词汇的特点，把奥斯本检核表浓缩为以下六条。

（一）Who（谁）？

（二）When（何时）？

（三）Where（何处）？

（四）What（什么）？

（五）Why（何故）？

（六）How（怎样）？

取上述六个英文词汇的首写字母就构成了本技法的名称——5W1H法。

怎样运用此法？我们来看一个例子。

某航空公司在机场二楼设了一个小卖部，生意相当冷清。问题出在哪里？开发部门运用5W1H法分析了原因，提出了改进建议。

（一）按5W1H法分析原因，先检核六个要素

Who——谁是顾客？

Where——小卖部设在何处？顾客是否经过此处？

When——顾客何时来购物？

What——顾客购买什么？

Why——顾客为何要在此处购物？

How——怎样方便顾客购物？

从中找出关键要素：Who、Where、When。

（二）分析关键要素并找出原因

究竟谁是顾客？是出入境的顾客？还是接送客人的人？显然，在二楼流连徘徊的接客者并不热衷在此购物，因为他们有的是时间到市内各大商场去挑肥拣瘦。因此，机场小卖部应当把出入境的乘客当主顾才对。

小卖部设在何处才好？出入境者经海关检查后，都从二楼通道离去，根本不需走二楼。因此，应将小卖部设在乘客的必经之路上。

出入境的乘客何时购物？他们只有当行李到海关检查交付航空公司之后，才有闲情去逛逛小卖部，看看有何纪念品和生活必需品值得购买。原来机场在临上机前才能将行李交付航空公司，自然就挤掉了旅客买东西的时间和心情。

（三）提出改进措施

把乘客当主顾，充实旅行用品和纪念品，以满足乘客的消费需要；将出入境乘客的海关检查路线改为必经小卖部，增加乘客光顾小卖部的机会；让乘客随时可以把行李交给航空公司，使之"无箱一身轻"便有了购物的时间和心情。

机场经理根据开发部门的建议进行了改进，果然取得了很好的效果。

三、降低成本检核表法

此法同样也是通过提出问题的方式诱发新设想的产生，其过程大致如下。

（1）能否节约原料？最好是既不改变工序，又能节约原料。

（2）在生产操作中有没有由于它的存在而带来干扰？

（3）能否回收和最有效地利用不合格的原料和操作中产生的废品，能否变成其他种类具有商品价值的产品？

（4）生产产品所用零件能否用市场上销售的规格品，并编入本厂的生产工序？

（5）自动化和手工操作进行比较，优劣如何？不仅从现时观点看，还要从长期的预测看如何？

（6）原料能否用代用品？如何代替？商品价格如何？产品功能改善的情况如何？功能与价格有何关系？能否把金属改为塑料？

（7）产品设计能否简化？从功能分析有无加工过分的地方？有无从外观看不到而实际上加工过的地方？这时，首先从功能着眼，考虑必要而充分的功能条件，其次再考虑价格、样式等。

（8）工厂的生产流程有无浪费的地方？材料处理往往被置于次要地位，但对生产效率影响大，这方面改进也可节省工厂的空间。

（9）零部件是从外订购，还是自制合适？要充分考虑工厂的环境再作出有数量根据的判断，只凭常识是不可靠的。

（10）查看一下产品组成部分的强度计算、可靠性设计、最优化设计，然后考虑能否再节约材料。重要的是强度计算能否有新理论、新方法，如贝格赛疲劳失效线、二次椭圆方程强度计算法等。

这一检核表法，在工程设计和新产品开发方面很有用，能引导人们按检核表的问题系统思考，克服心理定式。而且可以使人们的思路更有条理，考虑问题更全面，不至于在重大问题上出现失误。

四、属性改善排列矩阵法（SAMM 法）

SAMM 法是英语 Sequence – Attribute/Modification Matrix（属性改善排列矩阵法）的略语。该技法的特点是利用矩阵法，将奥斯本的检核表法与特性列举法两者的优点组合在一起，使人们易于掌握和应用。

矩阵法是通过把各要素排列成纵行和横行，简明地列示这些要素相互之间的关系的一种方法。因此，在 SAMM 法中，是把检核表的项目排成横行，而在纵行中则列举属性。

然后，按照项目的顺序检查各个属性，并强制它们发生联系，从中得到启发，萌发设想。

创造技法的原则是：越是缩小问题的焦点，就越容易产生设想。在 SAMM 法中具有这样一个特点，即它使这一原则简化，并且有机地加以综合。

这里以有关螺丝刀的实例进行说明。

首先，在矩阵的横行中排列奥斯本的检核表的九个项目（在表 2-1 中，已使之简化）。然后，使用属性列举法，列出螺丝刀的属性。这些属性可归纳为下列五点。

（1）圆棒状的钢铁制成的轴。
（2）木制的手柄。
（3）楔子形的前端。
（4）可以用手进行操作。
（5）供旋转和拧转之用。

如果把这些属性排成纵行，就可以形成如表 2-2 所示的矩阵。

表 2-2　　　　　　　　　　　SAMM 法应用实例

属性（现状）	除外	代替	再排列	组合	扩大	缩小	修正	分割
圆形钢铁轴	×					×		
木制手柄	×				×			
楔形前端				×				
由人力操作	×							
通过旋转拧螺丝							×	

利用该矩阵，就可以按照检查项目对各个属性逐一进行检查。

如果根据图中所列的情况进行检查：丢掉了圆形的钢铁轴？那可不行。那么，代用品呢？是啊，即使不是圆形的轴……组合起来的话？如果加上个什么呢？……需要把形体改小吗？

按照这样的思路，根据检核表的研究项目进行思考，可以发散出下列的改进办法（表 2-2 中的"×"表示改进要点）。

（1）如果把轴改成六角形，用钳子夹住也可以拧螺丝。
（2）用塑料制作手柄以提高强度。
（3）使前端可以替换，以便有多种用途。
（4）利用电动进行操作。
（5）采用使压力变换成拧转力的机构。

五、系统提问法

系统提问法是我国创造学者庄寿强经过多年研究和教学实践后创建的一个以系统发问为先导的创造技法。

系统提问法的具体操作步骤如下。

（1）仔细观察待创新的物品（产品），并按具体的主要属性做好记录。比如，对于现有的（已知的）公文包做如下观察：棕色，呈长方形，40厘米长，由人造革制成，包口上拉链，包的表面印有熊猫图案等。同时，要将这些已知的、具体的属性在一张纸的左侧按序记录为一竖列。

（2）已知的、具体的属性分别上升到一般的属性，并在同一张纸稍右处再相应地排为一竖列。例如，棕色，可上升为"颜色"；长方形，可上升为"形状"；40厘米长，可上升为"大小"；人造革，可上升为"材料"等。

（3）按照一般属性概念的外延范围列出一系列具体属性（即脱离原来具体事物的未知的具体属性），如根据"颜色"的外延，可列出红色、蓝色、绿色、黄色、白色、灰色等；根据"形状"的外延可列出正方形、半圆形、梯形、三角形、月牙形、扇形、动物形等；根据"大小"的外延可列出30厘米、25厘米、20厘米、45厘米、50厘米、70厘米、80厘米等；根据"材料"的外延，可列出牛皮、猪皮、纸、化纤布、麻布、塑料、玻璃、金属、陶瓷等。同时，也要把这些结果写在上面纸的相对应的右侧。

（4）对第×列中所写出的每一个具体的已知和未知属性进行发问。发问的模式是："为什么是"和"为什么不"（发问的理论根据是："肯定"和"否定"之间是矛盾关系，其外延之和穷尽了任何一个属概念的外延。例如，"棕色"与"非棕色"之和即等于所有的颜色。因而，用"为什么是"和"为什么不"从理论上说可保持某事物的完整性）。比如，"该文件包为什么是棕色？为什么不能不是棕色？为什么不能是红色？为什么不能是白色？为什么不能是蓝色等"。每发问一句，都要尽量找出理由来回答，这样就可由此引发其中的思维活动，找出一系列的肯定的和否定的属性及其理由，从而不难挑选出最理想或最有意义的属性作为创造的目标。

（5）将最有意义的创造目标在另一张纸上作出详细记录。例如，上例中就有"月牙形米黄色20厘米长的小型女用印花包心""梯形黑色45厘米长的塑料包"等可做参考的创造目标。

系统提问创造技法的实施过程体现了人们由已知到未知、由特殊到一般再到特殊的认识世界的规律，具有明显的理论性、排他性、可思维性和可操作性，实践效果很好。很多大学生都可在极短时间内按系统提问法提出数十甚至上百个方案，由于每个方案都是经过判断的，所以，提出的方案中好的方案占比重很大。

【拓展阅读】萧伯纳的名言

英国大文豪萧伯纳崇尚思想交流，他说："倘若你有一个苹果，我也有一个苹果，而我们彼此交换这些苹果，那么，你和我仍然是只有一个苹果。但是，倘若你有一种思想，我也有一种思想，而我们彼此交流这种思想，那么，我们每个人将各有两种思想。"

品味萧伯纳的名言，发明创造者有何感想？与萧氏思维如出一辙的美国创造学家奥斯本，则直接向发明创造者大声疾呼："让头脑卷起风暴，在智力激励中开展创造"。

（资料来源：http://baike.baidu.com/view/2109496.htm?fi=ala0_1）

第十一节　智力激励法

一、智力激励法的含义

智力激励法是 1939 年美国创造学家奥斯本提出的世界上第一个创造技法，其英文为 Brain Storming，原是神经学的术语，其原意是指精神病患者的一种思想错乱状态，在此借用为"自由奔放的思考"。人们为了书写方便，将其简称为 BS 法，也有将其称为"脑轰法"或"献计攻关法"。我国创造学界刚开始介绍此法时，将它翻译为"头脑风暴法"。

1949 年，奥斯本曾在布法罗大学开办夜校，传授智力激励法。到 20 世纪 50 年代，他又提出延迟批判的原则，并总结多年实践的经验，以著作的形式公布了"智力激励法"这一方法。1954 年，他创造了"创造性教育基金会"，智力激励法得到了心理学界及其他学术界的肯定，一些著名的心理学家参加到智力激励法的完善、发展和应用活动中来。C. W. 泰勒、S. J. 帕内斯及 W. J. 戈登等人都曾为它的发展做出过贡献。由于智力激励法的科学性及由它所取得的显著社会效果，使它在美国及世界上产生了较大的影响，并促进了全球性创造学热的形成。智力激励法也由此成为创造学最著名的方法，奥斯本被誉为"创造工程之父"。

智力激励法是一种集体型的创造技法。它是根据一定的规则，运用智力激励会的形式，来共同无拘无束地讨论具体问题，通过集体思考和思维交流来集思广益，从而在短时间内产生大量的创造性设想的活动。

我国过去的"诸葛亮会"和"集体会诊"等活动，其出发点与之是相同的，实际上也是智力激励的原始雏形，但为什么不能称之为创造技法呢？因为没有向更充分、更有效的方向发展，缺乏规范化与可操作性。

二、智力激励法的原则和特点

采用智力激励法组织专家会议时，应遵循如下原则。

（1）对所讨论问题提出一些具体要求，并严格限制问题范围，使与会人员把注意力集中于所讨论的问题。

（2）对别人提出的任何一种设想，无论其是否可行，与会人员均不能批评或攻击。

（3）鼓励对已提出的设想进行改进和综合，为准备修改自己设想的人提供优先发言权。

（4）提出的想法越多越好，不分好坏，一概记录下来。

（5）发言要精练，不要详细论述展开发言，否则将拉长时间，并有碍产生创造性成果的气氛。

（6）不允许与会人员按事先准备的发言稿照本宣科。

三、运用智力激励法需注意的问题

(一) 选择好会议的主持人

智力激励会议的成功或失败在很大程度上取决于主持人掌握会议的方法。因此,要求所选的主持人具有较丰富的智力激励经验,能把握住会议的主题。主持人掌握会议时要把握住三点:

(1) 严格遵循智力激励会议的规则。
(2) 要使会议保持热烈的气氛。
(3) 要让所有会议参加者都能献计献策。

(二) 选择好会议的记录员

会议的记录员必须及时记下大家提出的新设想,并写在醒目的位置上,让大家都能看到。同时,记录员还要把设想记录在小卡片上,编号保留下来。一个记录员不够时,可以配两名或多名记录员。

(三) 确定好会议的主题

主持人应在会议召开的前两天将主题通知参加者,并附上必要的说明,让参加者能够收集确切资料,按照正确的方向思考问题。

(四) 选择好会议的参加者

(1) 奥斯本认为会议的规模宜控制在 5~10 人,日本一些创造学家认为 6~9 人合适,我国的创造学家则认为 5~15 人合适,看来只有根据各自的情况来决定。但要注意,太多则容易产生分歧,太少则涉及面会过窄。
(2) 参加者的专业构成不能单一化,否则容易束缚思维,要尽量使专业构成多样化。
(3) 要适当选择有实践经验的参加者,以便形成核心小组。

(五) 组织好会议

会议开始前,为使参加者尽快将精力转移到会议上来,可以举行热身活动,其内容有多种形式,如让参加者看一段有关创造的录像,讲一个创造性强的小故事,做几道"脑筋急转弯"的思维练习题。

会议开始时,主持人应简明扼要并富有启发性地向参加者介绍要解决的问题。

然后,让参加者自由畅谈,提出富有创造性的新设想。此时,主持人要牢记自己的职责。

(六) 延迟评价

会议结束后,主持人再组织专人对会议记录进行分类整理,对设想进行评价,选择出有价值的设想来。

四、步骤与实施

（一）准备

准备阶段应包括产生问题、组建头脑风暴小组、选择主持人，并事先向与会者通知问题的内容，以及会议召开的时间和地点，请大家有所准备。

（二）热身

热身活动的目的是为了使与会者能迅速放松心情，大脑进入畅想，使会议很快进入高潮。热身活动可采用"动物游戏""互相介绍""讲幽默故事""说相声"等各种形式，使气氛和谐、宽松、热烈，并引起大家的各种话题使思维活跃起来。

（三）明确问题

（1）介绍问题。由主持人向大家介绍要讨论的问题。

（2）对问题进行分析，并将问题分为几个小问题。

（3）主持人或问题的提出者对问题发问并做引导性发言。发问的目的是激发想象，发问可结合奥斯本检核表进行。

（四）自由畅想

要围绕上述问题进行讨论，自由畅谈各种创造性设想。

（五）评价与发展

会后可组织专门的小组，召开专门的会议来评价智力激励会上形成的各种设想，对其中一些荒诞的设想可暂时放弃，对富于创见的想法可再进行加工完善，以便形成方案。并且，在加工整理过程中还会形成许多更有价值的设想。这种做法常被称为"二次会议法"。

下面举例说明。某冶金厂召开会议讨论新的移动式吊车线的设计及安装问题，其中路线、起重量、工期、造价已经明确。一个青年突然提出："我们只不过轧制小型片料，用不着吊车，用传送带就可以了。"结果遭到大家的反对。厂长认为新观点还要重新讨论；总设计师因为他的设计受到批评而不满；运输车间主任认为这个青工侵犯了他的职权范围；设备科长听说传送带很难买到；总会计师怕重新计算费用麻烦；其他人则怕提不同意见会引起领导的不满。结果是这个青工以后再也不敢随便发言了，其他人也不敢再提任何建议了。

智力激励会与上面的情况正好相反。

下面是一段讨论砸核桃的头脑风暴的记录片段。

组长：我们的任务是如何砸核桃，要求多、快、好，大家有什么办法？

甲：平时我们在家里，是用牙嗑、用手掰、用门掩、用榔头砸、用钳子夹等。

组长：几十个核桃用这样的办法还可以，核桃多了怎么办？

乙：应将核桃大小分类，然后放在压力机上砸。

丙：可以把核桃黏上一层粉末？使他们变成一般大小，就用不着分类了。

丁：核桃上黏土的粉末可以是铁磁性的，经过粉碎后，加一磁场作用，皮与仁就会自然分离。

组长：很好，大家想得很好。还可再想一下用什么样的力才能把核桃砸开，用什么办法才能得到这些力？

甲：需要一个集中挤压力。用某种东西冲击核桃，或者相反，用核桃冲击某种东西。

丙：核桃壳很硬，应该先用溶剂加工，使它们软化、溶解或使它们变得较脆。还可以用冷冻的方法。

组长：如果我们用拟人类比的方法应如何解决这个问题呢？

丙：不应该从外面，应该从里面把核桃破开。把核桃钻个小孔，往里面加压打气。

丁：可以把核桃放在空气室里，往里加压打气，然后使空气室里的压力锐减，这时，内部气压使核桃破裂或者使空气室里的压力剧增或锐减，这时核桃处于交变负荷状态下。

戊：我是核桃，准确地说是核桃仁，外部是核桃壳。我用手脚对它加压，使核桃壳破裂。应该不让核桃仁长，自身就会使核桃破裂。为此，可以对核桃壳照射。

这样，不到10分钟，就得到了近40条设想，其中有的设想形成了很好的方案。经发展完善后，制成了砸核桃机，获得了专利。

五、智力激励法的应用实例

许多研究项目的成功都依赖于智力激励法。

例1：中国机械冶金工会举办的一次合理化建议和技术革新工作研讨班，运用智力激励法思考"未来的电风扇"，36人在半小时内提出了173条新设想。其中典型的设想有：带负离子发生器的电扇、全遥控电扇、智能式电扇、理疗电扇、驱蚊虫电扇、激光幻影式电扇、催眠电扇、变形金刚式电扇、熊猫型儿童电扇、老寿星电扇、解忧愁录音电扇、恋爱气氛电扇、去潮湿电扇、衣服烘干电扇、美容电扇、木叶片仿自然风电扇、解酒电扇、吸尘电扇、笔记本式袖珍电扇、太阳能电扇、床实电扇、台灯电扇等。

例2：沈阳市皇姑区菱镁制品厂是生产菱镁制品的专业厂，琴产量3 800立方米。但是在1982年年初，仅仅签订了1 710立方米的订货合同，还有2 090立方米没有着落，严重影响经济效益，甚至有发不出工资的危险。为此，厂领导责成技术股研制新产品。虽经苦思冥想，还是一筹莫展。该厂技术股长周武扬，利用智力激励法来发动大家开展创造性设想。他们召开了智力激励会，经过集思广益，并结合市场调查情况，终于找出了最佳设想，研制出菱镁碱包装箱。试制后通过了鉴定，沈阳第一机床厂、沈阳液压机床厂等单位都表示满意。确定了的菱镁碱包装箱是代替木材进行机电产品包装的后起之秀。它坚固耐用，价格低于木质包装箱，外形美观，安装方便，节约工时，开拓了新的市场，取得了很好的效益。

第十二节　对智力激励法的改进

人们在运用智力激励法进行创造的过程中，根据自己的情况对该技法进行了改进。这里介绍几个典型的改进技法。

一、653 法

653 法也称默写式智力激励法,是德国创造学家霍利格根据德意志民族惯于沉思,不喜高谈阔论的性格特点,对智力激励法提出的改进方法。

653 法采用书画提创新设想的形式来开展。每次激励会由 6 人参加,针对会议议题,要求每人在 5 分钟内提出 3 个创新设想并写在各自的纸上,所以称之为"653 法"。开展此法时,6 个人围圆桌而坐,先由主持人解释议题、要求及智力激励的基本原则,与会者不必发言,按要求自由畅想。当第一个 5 分钟结束后,大家同时把写了三条设想的纸递给右邻的与会者;接过左邻与会者递来的设想纸后,可以从别人的设想中得到一些新的启发,然后再递给右邻的与会者。如此循回作业,半小时可传递 6 次,产生 108 个设想,有序而高效。

例如:德国的戴姆乐——奔驰汽车在国内外市场中一直享有良好的声誉,该汽车公司成功地运用 653 法展示自己的产品。该公司为了使汽车的质量、造型、功能及维修服务等方面更满足顾客的要求,总经理召开了"默写式智力激励会议",会上提出了大量有价值的设想和方案,制定了一条千方百计使质量首屈一指,并以此取胜为首要目标的开发与竞争战略。奔驰汽车公司采用"默写式智力激励法"收集设想和方案,对车型工艺进行了大胆的创新。先后设计和研制了"纽尔堡 480"式 8 缸 8 座汽车,布尔柴油发动机轿车,直至"梅尔塞斯 400"型、"梅尔塞斯 600"型高级轿车。奔驰公司生产的车辆从一般小轿车到 255 吨大型载重车共 160 种,3 700 种型号。"以创新求发展"是公司上下的一句流行口号。

二、MBS 法

日本的三菱树脂公司在运用智力激励法时,提出了另外一种改进方案。其实施过程如下。

(1) 主持人向参加会议的人宣布主题。

(2) 给 10 分钟左右时间,让参加者将设想写在笔记本上。

(3) 轮流宣读设想,每人每次宣读 1~5 个设想,记录员记下设想,其他人受到启发后又可在笔记本上写下新设想,尽量让全体人员把所有设想宣读完。

(4) 开始对设想提出质询,提设想人可进行说明。

(5) 主持人对讨论结果进行归纳。

(6) 参加者对设想进行评价,整理出有用的设想来。

这种技法的运用能收到较好的效果。例如,该公司急需研制一种新型净化池,公司领导就召集十余名技术人员,利用 MBS 法(三菱式智力激励法),半天就提出 70 余种方案。他们从中选出了 10 种最优方案,画出结构图贴在黑板上,再将每个人对新方案提出的改进设想写在纸条上,贴在相应的位置,通过公司科技人员的评审,最后得出了最佳方案。

三、CBS 法

日本创造开发研究所所长高桥诚也提出了一种改进方案。其实施过程如下。

(1) 主持人宣布主题。

(2) 参加者围坐在桌子周围,每个人拿 50 张左右卡片写设想,每张卡片上写一个设想

（约占 1/6 的时间）。

（3）轮流宣读卡片，并排放在桌面上，读一张放一张，别人可以提出质询，并在受到启发时将设想写在自己的卡片上（约占 3/6 的时间）。

（4）自由发表设想，从桌上拿掉有重复的设想卡（约占 2/6 的时间）。

（5）主持人进行归纳。

四、K.J 法

K.J 法是日本东京工业大学教授、人文学家川喜多二郎总结在尼泊尔长年对喜马拉雅山脉探险中积累的经验而获得的一种创造技法。KJ 法是以其姓名的首字母命名的。该创造技法 1965 年发表以后，很快得到了推广，是目前日本最流行的一种创造技法。日本职工在创造活动中选用这种技法进行创造的占 75%，居全国第一位。这种创造技法也属于对智力激励法改进的一种方案。其实施过程简单介绍如下：

（1）准备工作：主持人一名，与会者 4~8 人，准备好卡片和黑板。

（2）获取设想：按奥斯本智力激励法进行，以获取 30~50 条信息或设想为宜。

（3）制作卡片：将搜集到的信息或设想编成两行左右的短语，写到卡片上，每张卡片上写一条信息或设想，这样制作的卡片叫作"基础卡片"，每个与会者抄录一套。

（4）整理卡片：这时要分成三步来进行。

第一步，分成小组。由与会者按照自己的思路各自进行卡片分组，把内容在某点上相同的卡片归在一起，并给一个适当的合乎卡片内容的标题，写在一张卡片上，称为"小组标题卡"，不能归类的，每卡自成一组。

第二步，并成中组。将每个人所写的小组标题卡和自成一组的单卡都放在一起，让与会者共同讨论，将内容相近的小组卡归在一起，再给一个适当的标题，写在一张卡片上称为"中组标题卡"，不能归类的自成一组。

第三步，归成大组。经共同讨论，再将中组卡和单卡放在一起并归成大组，再给一个适当的标题，从而获得"大组标题卡"。

（5）综合求解：将整理出来的卡片，根据其隶属关系，固定于黑板或贴在大纸上，并用线条将有关项目圈连，即可形成综合方案的图解。然后按图解形成文字，以表述比较完整的新设想方案。

仔细研究，可以看出 K.J 法是将智力激励法对设想整理评价的工作完善后的结果。

五、集思广益法

集思广益法借用成语"集思广益"而命名。"集思广益"源自诸葛亮："夫参署者，集众思，广忠益也。"（《与群下教》）意思是集中大家的智慧，广泛吸收有益的意见。我国创造学者袁张度先生在 1984 年出版的《创造与技法》一书中，最先提出了"集思广益"技法。

辽宁省科协在锦州等城市举办创造力开发培训班实践了这一技法。这是一种比较适合于我国现时基层企业的一种智力激励法。其原型是联邦德国鲁尔赫提出的"635"法，并将我国开调查会的经验，与智力激励法、卡片整理法加以综合后形成的。

（一）实施步骤

此法分为三个阶段，即预写、畅谈、评价，以会议形式进行。与会者由6名有经验者参加，其中一人为主持人。开会前先通知各人所议课题，并发给每人两张表格（见表2-3和表2-4），要求与会者先思考，并在每张表格上填写三种设想，持表参加会议。由主持人宣布会议开始，并做有关说明后，与会者将两张表中之一传给右方座位者（圆桌会议）。接到表后，在6分钟内，每人在传来的表上填写三个补充的或新的设想。这样，在半小时之内可传5次，当填表传回本人时，停止传阅，利用10分钟进行综合联想，上述阶段为预写阶段。

在以下的畅谈阶段，与会者以精练的语言，概要地宣读原设想，在传阅过程中受启发而产生的新设想或对原设想做的修改，都一一记录在黑板上。在宣读方案过程中可补充发挥，不允许评价判断。而这些新方案和修改方案（设想）可在每人手中保留的那张没传递的表中填写。这一阶段大概需要10分钟。最后是方案评价阶段，与会者对黑板上的各种设想（方案）进行分析归纳，并以独创性、可行性和实用性进行评价，最后获得优选方案。

方案选择后，还可进行专家预测，然后决策。请30~50名专家，将方案（每个方案一张表）寄给他们，请专家给打分，即"很同意""同意""犹豫""不同意""很不同意"，选择其中一种，表示每人的意见。综合分析所有意见，绘出图，提供给决策者参考。同时在寄去的表格中留出补充和修改栏，以及新设想（方案）栏，以吸取专家意见（见表2-5）。

（二）所用表格及此法特点

表格说明：表2-3中可用各种创造技法。表2-4中表示好、良好、一般、差。表2-3中要有寄回的时间，防止时间拖长。

表2-3　　　　　　　　　　　　　设想（方案）填写表

	1	2	3	综合方案
1				
2				
3				
4				
5				
综合方案				

表2-4　　　　　　　　　　　　　方案议论与评价表

方案名称	方案组合	独创性	可行性	实用性
1.		好	一般	差
2.		一般	良好	好
……				
100.				

表 2-5　　　　　　　　　　　　征询意见表

1. 请您对下述方案发表意见，请用"√"在（很同意）（同意）（犹豫）（不同意）（很不同意）五者中的一个上做记号。
方案内容：

2. 请您对上述设想（方案）提出补充修改意见：

3. 请您提出新的设想（方案）：

集思广益法的特点是与会者事先填表，做好准备才开会，达到深思熟虑的作用。开会畅谈时，对方案再次思考后才宣读，富于形象化，特别有利于互相启发，使方案进一步完善，富于创造性。最后，按独创性、可行性、实用性对方案评价，可获最佳方案，从而防止失败。

（三）集思广益法应用实例

例1：天津市机车车辆机械厂生产的调速器因漏油未能被批准为银牌产品。针对这个问题，他们采用了集思广益的方法。

他们这次攻关会是这样组织的。

参加会议的成员：调速器组装工人两名，负责调速器设计的人员两名，制造工程师两名，检验工人一名，车间生产调度员一名。到会人员每人发给两张表格，一张上写明有关问题，另一张上写 2~3 条解决漏油问题的设想及方案。表格收集后召开讨论会。会议开始时，主持人宣布纪律。第一，不许对别人的意见进行评头论足，不许有"赞成"或"不同意"之类的发言；第二，提倡大胆设想，自由思考，不受任何限制，不怕意见提得不对；第三，任何人不能作武断性的发言，不能批评他人的发言，不管对与否都把话说完；第四，设想越多越好，不局限数量和范围；第五，发言主要围绕主题，而且问题要明确；第六，参加会议的人在发表意见上一律平等。

这些规定宣布后，主持人介绍了要讨论的中心问题：调速器漏油问题。之后进行畅谈，畅谈一小时，共提出解决方案 41 条。41 条方案仍较为分散，畅谈后他们又组织评价。每人发给一张纸，对 41 个方案进行评价、选优、综合，最后形成 1~2 条方案写在纸上。经会后整理，共提出 10 条解决调速器漏油的方案，供设计和工艺部门参考。

这次会议共用了 2 小时 15 分钟，为高速器漏油问题的解决提供了很有价值的参考意见。通过这次会议大家体会到，"集思广益法"是一种非常好的方法。会上与会者心情舒畅，精神激昂，思维活跃，会后调动起了与会者参加技术革新活动的热情。他们说："这次会议的效果比以往任何一次会议的效果都好，是一种值得提倡、推广的好方法。"

例2：1991 年 6 月，天津手表厂与市科协结合手表的外观改造及如何创高附加值的问题举办了一次集思广益讨论会。参加人有主管厂长、四位总工、相关工序及车间代表、厂级教育科、科协主席及成员、市科协领导、局总工、科技处长及担任过创造学课程的教师，共计

20多人，主持人在介绍问题后，大家先用半小时的时间学习创造技法，每人写出了20多条改进方案。之后，对这两个问题分两组进行畅谈，畅谈大约进行了1小时，越谈越深入，越谈越具体，会上形成了100多条有价值的方案。对有价值的方案，局科技处当场提出要立项，并给予支持，会议进行了两个小时，气氛非常热烈。这些方案中的十几项已进入设计、实施或制出样品。

集思广益法集中了几种群体创造技法的优点，并适合于中国人的心理特点，深受各行各业同志们的欢迎。《青年学丛书》编委会在给每一选题起书名时，成功地运用了这一方法。天津毛织厂、天津毛针织集团样品科及毛纺公司的同志们，都曾利用这种方法解决过许多生产及产品问题。

【案例分析】用直升机扇雪

有一年，美国北方格外严寒，大雪纷飞，电线上积满冰雪，大跨度的电线常被积雪压断，严重影响通信。

过去，许多人试图解决这一问题，但都未能如愿以偿。后来，电信公司经理应用奥斯本发明的头脑风暴法，尝试解决这一难题。他召开了一种能让头脑卷起风暴的座谈会，参加会议的是不同专业的技术人员，要求他们必须遵守以下四项基本原则。

第一，自由思考。即要求与会者尽可能解放思想，无拘无束地思考问题并畅所欲言，不必顾虑自己的想法或说法是否"离经叛道"或"荒唐可笑"。

第二，延迟评判。即要求与会者在会上不要对他人的设想评头论足，不要发表"这主意好极了""这种想法太离谱了"之类的"捧杀句"或"扼杀句"。至于对设想的评判，留在会后组织专人考虑。

第三，以量求质。即鼓励与会者尽可能多而广地提出设想，以大量的设想来保证质量较高的设想的存在。

第四，结合改善。即鼓励与会者积极进行智力互补，在增加自己提出设想的同时，注意思考如何把两个或更多的设想结合成另一个更完善的设想。

按照这种会议规则，大家七嘴八舌地议论开来。有人提出设计一种专用的电线清雪机；有人想到用电热来化解冰雪；也有人建议用振荡技术来清除积雪；还有人提出能否带上几把大扫帚，乘坐直升机去扫电线上的积雪。对于这种"坐飞机扫雪"的设想，大家心里尽管觉得滑稽可笑，但在会上也无人提出批评。相反，有一工程师在百思不得其解时，听到用飞机扫雪的想法后，大脑突然受到冲击，一种简单可行且高效率的清雪方法冒了出来。他想，每当大雪过后，出动直升机沿积雪严重的电线飞行，依靠高速旋转的螺旋桨即可将电线上的积雪迅速扇落。他马上提出"用直升机除雪"的新设想，顿时又引起其他与会者的联想，有关用飞机除雪的主意一下子又多了七八条。不到一小时，与会的10名技术人员共提出90多条新设想。

会后，公司组织专家对设想进行分类论证。专家们认为设计专用清雪机、采用电热或电磁振荡等方法清除电线上的积雪，在技术上虽然可行，但研制费用大，周期长，一时难以见效。那种因"坐飞机扫雪"激发出来的几种设想，倒是一种大胆的新方案，如果可行，将是一种既简单又高效的好办法。经过现场试验，发现用直升机扇雪真能奏效，一个久悬未决的难题，终于在头脑风暴会中得到了巧妙的解决。

（资料来源http：//baike.baidu.com/view/21094%.litm？fr=ala0_1）

问题：
一个久悬未决的难题能不能用智力激励法解决？谈谈运用智力激励法需注意的问题。

第十三节　特性列举法和缺点列举法

【拓展阅读】雨伞的改进
　　人们应用缺点列举法，对平时用的普通曲柄雨伞作改进创新。先列举其缺点有：伞尖容易刺伤人；拿伞的人不便再拿其他东西；乘公共汽车时雨伞上的水会弄湿别人的衣服；开收不方便；伞骨容易折断；伞布透水；模样单调、不美观、不易互相识别；晴雨两用时，式样不能兼顾；收藏携带不方便等等。为此，便研制出了种类繁多的新品种，可折叠伸缩的雨伞；伞布经防雨处理的雨伞；各种花型色彩的伞；伞顶加装集水器、上车收伞时雨水便不会滴在车内；伞骨不用铁制，避免生锈；能开收自如的自动伞，甚至还有两人共用的椭圆形情侣伞；可兼作手杖的手杖伞；有照明功能的夜行伞；伞面用透明塑料布可挡不住视线；伞布做成可卸式易于洗涤等等。其中，日本理想公司抓住雨伞太长不便携带的缺点，制成了三折伞，并加装一道弹簧使伞能自动张合。这一小小改进，给该公司增加年利50万美元。
　　最近，在欧美流行着一种新型雨伞，伞面是十分轻巧的镀铬条。这种伞除了可挡雨外，还是一种新式的太阳灶，只要在阳光下把伞倒放，让伞柄对准太阳，伞面的聚焦点可产生500°C的高温，足以供人烧水、做菜、煮饭。
　　（资料来源：周道生等．实用创造学．南京：南京师范大学出版社，2000.）
　　列举法是一种将研究对象的某方面本质内容（如特点、缺点或希望点）——罗列出来，对其进行分析研究，从中探求出各种创造方案的技法。
　　列举法因研究对象的不同而有多种，但是对创造开发最有实用价值的要数其中的特性列举法、缺点列举法和希望点列举法。需要提及的是列举法的目的不在于一般性列举，而在于从所列举出来的项目中挖掘出发明创造的主题和启发出创造性的设想。所以，在列举研究对象的本质内容时，应是越全面越好，尽量不要有遗漏，这样才能不至于因罗列的内容有限，导致思考的不周全，而与一个更好的创造主题失之交臂。

一、特性列举法

　　这是美国内布拉斯加大学的福德教授提出的，他认为应该把问题化整为零，只有把问题区分得越小，才越容易得出设想。例如，你想对一台汽车提出改进设想，最好是根据汽车的特性，把它分解成若干部分，针对每一个部分（如发动机、轮胎、底盘、车身等）分别检查，进而提出新设想，其效果就非常好。
　　克劳福德的具体做法是，先把所研究的对象分解成细小组成部分，各部分具有的功能、特征、属性、与整体的关系、连接等尽量全部列举出来，并做详细的记录。而日本学者上野阳一找到了研究对象特性的三种方式。
　　（1）根据名词特性——全体、部分、材料、制法等来区分。

(2) 根据形容词特性——性质来区分。
(3) 根据动词特性——功能等区分。

例如，需要改良盛水的杯子，乍一看水杯没有什么改进的。使用特性列举法把水杯的构造和性能按要求列出；再一一检查进行改良，使人豁然开朗，引出新的构思。

(一) 名词特性
(1) 整体：水杯。
(2) 部分：杯身、杯盖、杯把手、杯底、杯肚。
(3) 材料：玻璃、陶瓷、铁、组合材料。
(4) 制作方法：浇铸、硬模等。

由以上特性，可提醒人们进行各种改造，例如杯盖可改成塑料盖，并可做成艺术品，杯底可以是双层的或中空的。此项内容是天津玻璃器皿厂给外商做试制品时提出的。能否改变玻璃杯的制作，避免现在杯中有玻璃碴的毛病，是玻璃杯生产中一大难题。虽然国际上没有解决，若用特性例举法并配合运用机械方面的知识，还是可以构思出新的设想的。

(二) 形容词特性
水杯的颜色有白、绿、红等；形状有圆、方或特殊形状等；图案也各种各样；水杯的高低、大小均可不同。

这样分析之后，可启发各种构思，如方形杯可在旅行中用。造型又可以模仿生物的形状，杯子可做成苹果形、飞鸟形等。

(三) 动词特性
功能方面的特性包括可冲水、盛水、测量、保温等；例如在杯上刻上刻度可当量杯，杯把上装温度计可知水的温度等。

按上述特性逐项加以研究和讨论，定会设计出许多具有独特结构和样式的杯子。

二、缺点列举法

(一) 缺点列举法的基本原理

缺点列举法是美国通用电气公司在改进老产品、产生新产品的创意过程中提出的著名创造技法。缺点列举法的基本原理是：任何产品或事物总存在缺点和不足之处、对其进行扩散思维，将这些缺点和不足之处列举出来，并提出改进的方案，就可以形成有创意的新设想。

缺点列举法在一切创造中普遍适用，因为任何事物都存在大量的缺点，缺点就是创造活动要解决的问题。要解决问题，必须先发现缺点。而要尽可能多的发现缺点，就需要采用缺点列举法这一创造技法。而且任何缺点问题在解决之后，新的缺点又会显现出来。只有广泛地、不断地运用缺点列举法去列举缺点，创新思路才可源源而来。

(二) 怎样运用缺点列举法

1. 克服心理障碍，树立强烈的创造意识

人的心理惰性常常形成一种心理障碍，认为现有的事物能达到如此水平和完善程度已经差不多了，应该满意了，不用"鸡蛋里面挑骨头"了。因此，欲运用缺点列举法，应首先克服这种心理障碍，才能树立强烈的创造意识。

2. 尽可能多地列举出已有产品或事物的缺点和不足之处

这时可以与已有的其它创造技法结合（例如与智力激励法结合），使这一步的效果达到最佳。

例如：可采用智力激励会的形式，召集 5~10 人的缺点列举会，根据会议主题，尽可能多地列出缺点，将缺点写在卡片上，再进行分类整理，选出主要的缺点，提出对主要缺点的改进措施。

应该注意的是，这样的会议时间不宜太长。专家们认为在 1~2 小时之内较为适宜。会议主题不要太大或太繁杂，要尽可能小而简单。大的主题可以分解成几个小主题，分几次来实现。

还应注意参考的是，对于任何产品来说，都可以至少从 6 个思想方向来开展缺点列举。

（1）从产品的使用性能角度列举缺点。
（2）从产品的经济性能角度列举缺点。
（3）从产品的生产制作工艺性能角度列举缺点。
（4）从产品的技术原理先进性的角度列举缺点。
（5）从与国内外相同、相近产品的对比性中列举缺点。
（6）从产品的外观、包装、名称、商标及专利保护等市场竞争性方面列举缺点。按照上述思路方向来列举，就能使缺点列举系统化与程序化。

3. 要对列举出的缺点及提出的改进措施进行分析，结合市场的需要和现有各种条件，选择出有价值的改进方案

这是一个决策过程，一个厂家一般不可能针对老产品的所有缺点进行改进，而只能选择 1~2 个主要缺点进行改进。当然，有时候也有对所列缺点进行全面改进的时候。

以上阐释了怎样运用缺点列举法，接下来，我们再举例加以说明。

有人认为，作为产品，牛奶不会有什么缺点但具有创新意识的秦骏伦先生却认为，对此问题只要跳出传统的束缚，则必会列举出它也具有一些缺点。

（1）对婴儿来说，牛奶营养不如母乳。
（2）牛奶不能适合于所有人的饮用，特别是不适用于乳酸不耐症者。
（3）牛奶不符合各种高营养要求。
（4）牛奶口味单一，奶味太浓。
（5）牛奶热值高，喝了易发胖。
（6）牛奶是液体，体积大，不易储存携带。

列举出以上缺点后，提出了改进方案：针对第一条缺点，提出了母乳化牛奶的创新；针对第二条缺点，推出了添加乳糖酶的易消化牛奶；针对第三条缺点，推出了经过浓缩与强化的高蛋白奶新产品；针对第四条缺点，又推出果汁、蔬菜汁、可可粉等新品种牛奶；针对第五条缺点，推出了脱脂牛奶、低胆固醇牛奶和低热量牛奶等新品种。

第十四节 其他创新技法

一、情报分析法

确定创新目标后,人们都会围绕着目标广泛收集情报、资料,对之进行调查分析,以使思路开阔,也是一种创新方法。

(一)实际调查

明代名医李时珍所写的举世闻名的巨著《本草纲目》,就是踏遍青山大地,实际采摘、搜集资料的结果,使他成为药物学家。竺可桢从青年时代起,就坚持写观察日记,周密地记录每天的气温、气压、风向,观察冰冻、融化、植物开花、燕子归来、布谷初鸣等自然现象。在占有大量第一手资料的基础上,分析研究,找出气候变化的规律,成为了著名的气象学家。

(二)查阅报刊文献

报刊文献可以超越时空的限制,借鉴古今中外的经验。查阅报刊文献是情报分析必不可少的手段,它能开阔视野、打开思路、取长补短。特别是专利文献,更是创新、创造、发明的一大宝库。日本能在自然资源缺乏的狭小国土上发展,与他们善于利用其他国家的先进技术经验分不开。以下我们重点介绍专利文献的作用。

(1)我国专利法规定的专利的种类:发明专利、实用专利、外观设计专利。
(2)专利的特点:新颖性、创造性、实用性。
(3)利用专利进行创新、创造的方法:

①专利调查创新、创造法。全世界每年获准的专利有上万件,加上早期形成的大约有100万件/年。这些专利文献内容可靠、具体,包括技术范围很广,可供多方面利用,具有很高的实用价值。

②综合专利创新、创造法。在创新、创造、发明活动中,有时单凭一篇文献无助于问题的解决,往往需要综合利用专利文献。综合本身就是创新。日本著名发明家丰田佑吉利用这种方法,发明了蒸汽机驱动的织布机。他开始研究时并没有明确针对织布机。他们订阅了刊登日本全部技术类别的政府专利公报,还买来了外国政府的专利公报,探究各国的先进技术。当他们阅读了有关纺织的专利后,才产生了创造以蒸汽机为动力的自动织布机的想法,并一举成功。这一发明使当时以纺织业著称于世的英国大吃一惊,反过来购买日本的专利。

③利用专利法知识进行创新创造法。有较高的商业价值和销售前途的新产品、新技术往往都容易产生专利诉讼案件,所以熟悉专利法可以为创新、创造、发明找到途径。如匈牙利人拜罗和洛奥尔于1938年发明了世界上第一支圆珠笔并获得了专利。二战期间在阿根廷正

式生产。美国的雷诺兹 1945 年从布宜诺斯艾利斯带回了这种笔。他看到这种笔前途广阔，也想生产，又怕侵犯人家专利，就请来了专利律师，学习专利法。律师说要学会区分两种专利产品的方法，研究出有别于拜罗和洛奥尔的产品的新产品，就可以不触犯专利法。于是他在律师帮助下，研制出利用重力输送油墨的笔头，获得成功。

④寻找专利空隙创新创造法。查阅专利文献，探索技术发展的脉络，从中找出创新创造的契机也是常用的一种方法。技术发展中既有成功的经验，也有失败的教训。一个发明目标没有实现，可能是技术不够成熟，也可能是技术手段选择不当。这样在专利文献中会暴露出某种空隙，为创新、创造、发明提供了可能。例如美国的卡尔森毕业于加利福尼亚大学物理系，后来学习了法律，获得了法律博士，从事专利工作。他看到复写文件花费大量劳动，决定发明一种新的复制方法。最初的实验都失败了，他就查阅专利文献中是否有被发明家忽略了的方面。他发现以前确实有人研究过，但用的都是化学效应，忽视了光电效应。于是他提出了将光的导电性与静电学原理结合的新系统，获得了静电复印技术专利。后来美国的一个公司于 1950 年制成了第一台具有商业价值的静电复印机。

二、中山正和法——NM 法（关键词法）

NM 法是日本金泽工业大学的中山正和教授提出来的。它是根据人类高级神经活动的理论，把人的记忆分成"点的记忆"和"线的记忆"。由第一信号系统对具体事物形成的条件反射称为"点的记忆"，由第二信号系统对事物的抽象化形成的条件反射称为"线的记忆"。如果通过联想对比等方法搜索平时积累的"点的记忆"，经过加工和重新组合把它们连成"线的记忆"，就会涌现出大量创新设想。例如用这一创新技法发明洗衣机：第一步，找出关键词。不先设想洗衣机的结构，而是将它抽象化，先找出能反映洗衣机本质和目的的词，如反映洗衣机本质功能的"洗"，洗得清洁的"洁"，使用安全的"安全"，这几个词为关键词，关键词可选择四五个。第二步，围绕关键词进行发散思维。围绕"洗"字充分发挥想象力，把各种"洗"的方法列举出来，如手揉洗、刷子刷洗、搓板搓洗、棒槌敲打、在流水中漂洗。第三步，进行收敛思维，对设想出来的各种洗涤方法，从本质上进行研究、分析。如上面列举的洗衣方法都是通过衣服摩擦，加速水的流动而达到去除衣服上的污物的目的。因此摩擦和水的流动是洗衣的关键。第四步，抓住摩擦、流水这些关键，应用联想、类比等方法设想产生摩擦、水流的构造，如泵水、甩水、喷水、超声波发生器等。第五步，根据现有条件充分考虑成本，把上述设想引入洗衣机，进行可行性分析，确定制造方案，以利于比较决策。第六步，通过对方案的实施，洗衣机就诞生了。这里十分重要的是选关键词，关键词选得准，成功率就高。

三、机遇利用法

人们通过意外发现或偶然发现开启了思路，从而获得发明成果的创新技法。每个人都有创新、创造、发明的机遇，但有时也会失之交臂。机遇只光顾有准备的头脑，所以我们要做有心人。

1. 平中见奇法

所谓平中见奇，也就是用陌生的眼光看熟悉的事物。苹果落地是常见的事情，而牛顿却从中发现了万有引力；猫在太阳下晒伤口，使得丹麦的芬森注意到阳光有疗伤作用，发现了紫外线，获得了诺贝尔奖；包装纸的发明，是美国工人约瑟福在40多年前发现，商店包东西大多用白纸或报纸，很难看。能否在包装纸上印上图案、商品广告？于是他开了一家包装纸公司，一举成功，如今已有700多亿元的资产。

法国文豪巴尔扎克说过：打开一切科学的钥匙，毫无疑义的是问号，大部分的发明都是从这里开始的。

2. 意外发现法

1982年浙江纺织厂的一位厂长在西安出差，看完电影《西安事变》走出影院时，听到有人议论：张学良、杨虎城穿的军装真好看，可惜市场上没有卖的。这位厂长立刻从浙江调运来两万米将军黄呢料投入市场，结果被一抢而空。一个偶然发现使得工厂获得了可观的效益。一个日本商人在参观一个中国在美国举办的展览时，发现宜兴的紫砂壶都放在一个大箱子里，用草纸和稻草包裹着，无人问津。他用低价全部买下，装入高级礼品盒，摆上高档商店的柜台，成为抢手货，价格是原展销会上的10倍，大大赚了一笔。

3. 缺点、祸害逆用法

中国有句古话叫作"塞翁失马，焉知非福"。

日本有一个叫腾庵的制酒人对雇工非常刻薄，一次雇工生气地把草木灰倒入酒桶后全部跑掉了。腾庵想如何把草木灰拿出来呢？他到酒桶前一看，浑浊的酒都变清了。于是他经营清酒专卖成了富翁。

大家都知道烟草可以制造香烟，但吸烟有害健康。那么烟草除了做香烟就没有别的用途了吗？最近人们发现，烟草中的氨基酸含量丰富，而且接近人体的氨基酸的结构，据说做出的"烟草"豆腐口味新鲜，非常好吃。

四、系统要素法

每一个技术装置或系统均可以分解为若干个子系统，直至分解为更小的要素。而构成系统整体的技术要素都是现成的装置或部件，也就是现成的发明成果。将这些装置或部件重新进行组合，就会使之具有新的功能，成为一项新的创新、发明成果。这种技法就是系统要素法。

法国创造学家阿兰·佩雷菲特说过："创新家就是善于把人们想不到要联系起来的要素联系起来，而成功地将其变成有用的新事物"。

系统要素法的主要步骤是：

（1）对功能系统从设计角度进行思考。

（2）把要实现的功能作为目标，进行目标分解，直到有现成技术可应用为止。

（3）按照整体功能目标，由小到大，由局部到整体进行组合设计。

（4）对由此获得的功能系统进行评价、调整、试制，最终实现功能系统的发明。

五、综摄法

综摄法是一种新颖独特、比较完善的创新技法，由美国创造学家威廉·戈登在长期研究和实验的基础上提出的。它是通过隐喻、类比等心理机制调动人的潜意识功能达到创新的，关键是变熟悉为陌生，好像弯下腰从两腿间看世界，一切都倒过来了一样。这就是要人们跳出司空见惯的思维的圈子。隐喻是一种表达出来的或暗示的比较，这种比较可以引起有意义的智力启发和感情激励。综摄法的特性要求亲身体验，设身处地换个角度想问题，从中求得对事物新感觉或新认识。

综摄法的程序主要是：

（1）确定课题。

（2）把陌生的事物变为熟悉的事物。借助分析的方法把握事物的细节和各个方面，或将它与熟悉的事物进行对比。

（3）把熟悉的事物变为陌生的东西。面对熟悉的事物，突破思维定势，转变思维方式，从而获得独特新颖的方案。一般通过几种隐喻性的类比实现：亲身类比、直接类比、符号类比、幻想类比。比如设计自动门，人们可以借助天方夜谭"拍拍手就开门"的情节，运用声音和电之间的变换，浙江大学研制成功的直线平面电机装置用于窗帘自动开合非常成功。在进行类比时，先尽量不考虑（或少考虑）技术上是否可行，是否符合常规。要学会把表面上不相关的事硬扯在一起，这种能力在儿童身上表现是很强烈的，所以，成人要尽量保持童心，进行创新。如法国的雷内克医生发明听诊筒就是一例。

雷内克是巴黎的一位名医，经常被请去为富人治病。虽然他医术高明，但时常为诊断而苦恼，比如年轻漂亮的贵族小姐患有心脏病，就要用耳朵直接贴在患者的胸部去听，这使人很难为情。若碰到一位肥胖的夫人，不仅难为情，而且根本听不请。在一次回家的路上，他看见一群小孩儿围着一堆木头玩游戏，一个孩子在一头，另一个孩子在另一头听对面传来的刮木头的声音。

他也试着听了听，果然听到沙沙的声音。回家后，他捐了一个纸筒，一端放在病人的心脏上，另一端贴在自己的耳朵上，他发现这样比直接贴在胸部听的声音还要清晰。于是，巴黎出现了世界上第一个听诊器：一根空心的木管。后来雷内克又对听诊器进行了多次改进，最后确定为喇叭形的象牙管，接上橡皮管。

综摄法以集体讨论方式进行，让不同特点的人在一起取长补短，集思广益，大有裨益。

第三章

创新创业团队

第一节 团队及构成要素

一、团队的概念

1960 年，IBM 公司为了研发 360 系统而引入了一种新的组织运作模式——项目团队，并由此获得了巨大成功。从此，团队开始引起企业管理理论界和实践界普遍的关注。并在随后的发展过程中，受到企业管理者的普遍青睐与推广。例如，在 20 世纪 80 年代到 90 年代，沃尔沃、丰田、通用食品等公司大量将团队引入它们的运作过程之中。

团队比传统的部门结构或其他形式的稳定结构更灵活、反应更迅速，能够更快速地组合、配置、重新定位和解散，因此在当代多变的环境中，组织为了更有效地实现组织目标，都会优先选择团队管理的方式。除此之外，团队还能为员工参与决策提供机会，从而增强了组织中的民主气氛，提高了员工的满意度和积极性。团队已经成为世界上许多著名的公司的一种重要运作方式，有的公司甚至以团队方式来运行组织。深谙此道的华为公司不论在日程的运营管理中，还是在处理突发性的危机时都选择以团队方式来进行。

团队已成为组织应对激烈竞争和满足员工自主需要的主要管理手段，但是团队的管理和运作有自己独特的规律，与传统的管理模式显著不同。简单化地处理不但难以提高管理有效性，反而会降低成员间的协调和默契。有鉴于此，对团队行为的了解和研究就越显重要。

斯蒂芬·罗宾斯认为，团队是为了实现某一目标而由相互协作的个体所组成的正式群体。也就是说，团队是由一些具有共同信念的人为达到共同目的而组织起来的，各成员通过沟通与交流保持目标、方法、手段的高度一致，从而能够充分发挥各成员的主观能动性，运用集体智慧将整个团队的人力、物力、财力集中于某一方向，形成比原组织具有更强战斗力的工作群体。在如今的企业乃至非营利组织中，团队正逐渐成为人们关注的焦点。团队是指在工作中紧密协作并相互负责的一小群人，他们拥有共同的目的、绩效目标以及工作方法，且以此自我约束。或者说团队就是由两个或者两个以上的相互作用、相互依赖的个体，为了特定目标而按照一定规则结合在一起的组织。

世界著名的肯德基企业之所以成功，经验之一就是有一支优秀的团队。在这个性张扬、共性奇缺的时代，许多企业的经营者都在大声疾呼："我们愈来愈迫切需要更多、更有效的团队来提高我们的士气。"究竟团队是什么，传统的诠释如同 20 世纪 50、60 年代提出的"集体主义"。一个团队就是一个集体，时髦的诠释，就是一条工作链。

团队成员因为共同使命感和责任感而共同努力，会产生大于个人能力总和的群体效益，而简单的集合体是"一个和尚挑水吃，两个和尚抬水吃，三个和尚没水吃"。有一个例子可以很好地说明什么是"团队"：每年在美国的职业篮球大赛结束之后，常会从各个优胜队中挑选最优秀的球员，组成一只"梦之队"赴各地比赛，以制造新一轮高潮，但是结果总是令球迷失望——胜少负多。这是为什么呢？其原因在于他们不是真正意义上的团队。虽然他们都是最顶尖级的篮球明星，但是，由于他们平时分属各个不同的球队，无法培养团队精神，不能形成有效的团队出击。由此看来，团队并不是一群人的简单组合。真正的团队和集合体有很多的不同。例如，集合体没有共同的工作目标，而团队有；集合体没有领导核心，而团队有。团队是需要营造的，高竞争力的团队是需要管理的，而不是搭建的，团队的个人目标和集体目标是一致的，个人业绩和团队业绩是统一的。这样才能协同作战，取得成功，或更简单地说，团队不是简单的"1 + 1 = 2"，而是"1 + 1 > 2"。

二、团队的特征

能够发挥效用的团队和一般的工作群体是有区别的，并不是所有的群体都是团队。团队具有一定的特征：

（一）互补的技能

一般的工作群体工作技能的配置带有随机性，也就是说它不是根据目标的需要通过合理的配置而产生的。技能的过剩或缺乏都会导致整体工作效率的下降。而作为一个真正的团队必须具有互补的，而且是能够完成团队任务所需要的技能组合。这些技能通常有三类：技术性或智能型的专业技能，解决问题和决策的技能，人际关系的技能。

（二）共同认可且明确的目标

团队具有为全体团体成员所认可的共同目标，为团队成员指引方向，提供动力。这个目标是一种愿景。团队通常会花大量的时间和精力来讨论、修改、完善一个在团队层面和个人层面都为大家认可的目标。随后，将这个目标转变为具体的、可衡量的、切实可行的计划。团队永远是跟具体目标与业绩目标相联系，人们围绕着这个共同的目标组织起来，并为达到这个目标不断地奋斗。一个共同的、有意义的目的能确定团队的基调以及方向，而具体的业绩目标则是这个目标的构成部分。

（三）遵循规定的规章

明确的分工使全体成员行动一致，按照规定的程序和方法，把个人的技能与团队的智慧和力量紧密结合起来，一切工作围绕目标和业绩形成一个核心，不容许分散力量和干扰目标的行为出现。

（四）相互承担责任

团队作为一个由个人构成的相对独立的工作单元，对于责任的认定是区别个人以及工作群体的。如果个人作为一个工作单元的话，则责任当然是个人担当；而工作群体日常管理以及决策权仍在管理者手中，成员之间关系相对不紧密，责任认定方面仍是以个人为主。但是团队却不一样，正如俗话所说的，一个团队就像"同在一条船上"，明确的分工以及统一的目标让团队全体成员都成为利益相关者，同时又是责任的承担者。正是这种成员间休戚相关的关系，让团队更能够集众人之力去高效、准确地达到目标。团队的人员根据任务的需要，应保持一个合理的规模，按照经验，一般控制在 2 ~ 15 人。团队成员太多会造成沟通上的麻烦，降低工作效率，而且也容易造成人员闲置，不能最大限度地发挥团队每一位成员的力量。因此对于团队来说，一个与目标相对应的人数配置是高效完成任务的重要因素。

三、团队的构成要素

对于任何企业或者组织中的一个成熟团队来说，都有五个基本要素，简称"5P"即目标（ptirpose）、定位（place）、职权（power）、计划（plan）和人员（people）。这五个因素的紧密结合构成了一个团队的整体框架。重点从这五个方面考虑团队的建设问题，有利于抓住问题的关键。

（一）团队目标

对于每一个企业来说，从打算建设团队开始，就必须树立明确的目标直至该团队完成使命消亡为止。必须要明确以下问题：它们是基于工作关系形成的自然团队、项目团队，还是仅仅为完成某项具体任务而组成的任务团队？它们能够发展成自我管理的团队吗？这些团队仅仅需要短期存在还是要能够持续多年？

这些都是在建立团队之前必须回答的问题。尽管团队的具体目标并不相同，但是所有的团队都有一个共同的目标。那就是，把工作上相互联系、相互依存的人们组成一个相互协作的群体，使之能够以更有效的合作方式达成个人的、部门的、组织的、企业的目标。

为完成共同的目标，成员之间彼此合作，这是构成和维持团队的基本条件。事实上也是这个共同的目标才确定了团队的性质。团队必须先有目标，再有团队。更重要的是，团队的目标赋予团队一种高于团队成员个人总和的认同感。这种认同感为如何解决个人利益和团队利益的碰撞提供了有意义的标准，使得一些威胁性的冲突能顺利转变为建设性的突破。也正因为有团体目标的存在，团队中的每个人才能知道个人的坐标在哪儿，团队的坐标在哪儿。一定要把团队目标具体化。可以把确定团队目标的过程，比拟为创建一个公司过程。请看下面的例子：

有人提了一个建议："我有一个好主意！我们创建一个公司吧。"但是"具体做什么呢?""哦,我还不清楚,不过这肯定是一个好主意。"这听起来有点荒唐吧?是的,但是很多人就是这样考虑问题的,如果还没有确定公司的经营目标,没有人仅仅因为"这是一个好主意"而仓促成立公司。可是有些时候,一些经理人员仅仅因为相信"这是一个好主意"而组建团队。最终,使"好主意"变成了"坏主意"。

(二) 团队定位

团队定位和团队目标是紧密联系在一起的。团队目标决定了团队的定位。团队怎样结合到现在的组织结构中,创造出新的组织形式呢?在讨论团队的定位问题时,有必要首先回答一些重要的问题。例如:

(1) 由谁选择和决定团队的组成人员?
(2) 团队对谁负责?
(3) 如何采取措施激励团队成员以及其他团队以外的成员?

在对以上问题做出恰当的回答以后,接下来就可以制定一些规则,规范团队任务,确定团队应该如何融入你的组织结构中。同时也可以借此传递公司的价值观和团队预期等重要信息。当然,这不仅仅是一个改造组织结构的问题,而是改造企业思维,使其成为一个能适合合作性工作的场所,来自组织不同部分的人能够真正成为团队伙伴。这需要深入研究传统组织结构模式,使我们重新审视组织结构的自身问题,给企业团队进行准确的定位。

(三) 计划

计划关系到每个团队的构成问题。团队应如何分配和行使组织赋予的职责和权限?即,团队成员分别做哪些工作,如何做?简单地说就是要有对工作的计划。

一份好的团队计划要能回答以下问题:

(1) 团队有多少成员才合适?
(2) 团队必须要有固定的领导吗?
(3) 团队领导职位是常设的、固定不变的还是轮流担任?
(4) 领导者的职责和权限分别是什么?
(5) 应该赋予其他团队成员特定的职责和权限吗?
(6) 团队要定期开会吗?
(7) 会议期间要完成哪些工作任务?
(8) 预期每位团队成员把多少时间投入团队工作?

但是我们也不能对以上某些问题给出具体的解答,其具体的答案应根据组织本身特点和实际需要进行合理选择。需要强调的一点是:有些规模或者结构相对简单的组织应该考虑人员问题而不是优先考虑职权和计划问题。这样可以避免在决定团队如何发挥作用前选定团队成员而导致一系列问题。

(四) 职权

所谓职权,这里是指团队负有的职责和相应享有的权限,对团队职权进行界定的过程也就是回答以下几个问题的过程:

(1) 团队的工作范围是什么?

（2）团队可以处理可能影响到整个组织的事务吗？
（3）你愿意让你的团队作为主要顾问，提出意见和建议吗？
（4）你希望让你的团队采取真正实际行动，促成某种结果吗？
（5）你所组建的团队在多大程度上可以自主决策？

这些问题实际上是团队目标和团队定位的延伸，解决了这些问题，就可以初步解决团队的职权问题了。当然，要解决的职权问题会随着团队的类型、团队的目标和定位的不同而会有很大的差异，这些也取决于组织的基本特征，如规模、结构、任务类型等。对于复杂多变的情况，我们无法给出特定的解决方案，但是在解决职权问题时必须坚持这样一个原则，即分清轻重缓急。

（五）人员

构成团队的最后一个要素也是最重要的因素是人员因素，任何团队都是由不同的个体组成的。确定团队目标、定位、职权和计划，都只是为团队取得成功奠定基础，团队能否最终获取成功，能否达到目标还是要取决于人员的表现。因为不同个体有不同的特点，团队成员间的关系也是影响团队是否成功的因素。因此，组建团队前，你要回答以下关于团队人员的问题：

（1）你理解你的队员吗？
（2）你需要选择什么样的人员？
（3）每个团队人员都有哪些技能、学识、经验和才干？
（4）团队人员的资源在多大程度上符合团队的目标、职权和计划的要求？

只有了解了这些，你才能真正了解你的人员，才有可能将你的成员的才干发挥到最大的程度。但是，也许不可能选择在各方面都是十分优秀的人才作为你的队员，而是只要能够将所有这些人才资源整合在一起，获得最大的效率就可以了。

第二节　团队的类型及组织形式

美国管理大师斯蒂芬·罗宾斯将团队分为三种类型：一是问题解决型团队（Problem-solving Team），二是自我管理型团队（Self-managed Team），三是跨职能型团队（Cross-functional Team）。针对不同类型的团队，应建立不同的团队文化。

一、问题解决型团队

问题解决型团队一般是由来自同一部门的职工临时组成的。团队人员定期用很短的时间聚在一起，共同讨论如何提高产品质量、生产效率和改善工作环境之类的问题。在团队里，成员就如何改进工作程序和工作方法互相交换看法或提供建议。但是，这些团队的成员几乎没有权力根据这些建议单独采取行动。这种团队应着重营造一种轻松的环境和氛围，让团队的所有成员都能够畅所欲言，针对存在的问题找到最好的解决办法。

在问题解决型团队中，团队的主要责任是通过调查研究、集思广益，理清组织的问题、忧虑和机会，拟出策略计划或执行计划。但是，对调动成员参与决策过程的积极性方面略有不足。

质量圈是应用最广泛的一种问题解决团队。它是由8~10名员工和监督者组成的工作团队，成员共同承担责任，并定期会面（一般是一周一次）讨论质量问题、探讨问题的成因、提出解决方案并且实施解决措施。他们承担解决问题的责任，对工作进行反馈并对反馈进行评价，但是管理层一般保留建议和方案实施与否的最终决定权。

二、自我管理团队

在自我管理型团队里，没有一个管理者负责整个的或局部的工作流程，自我管理团队负责完成工作，并进行自我管理。自我管理团队要求团队成员具有综合的技能，在团队当中有一个被团队成员绝对信服的领导，它强调集体主义精神。这种团队的团队文化要求以集体利益为目标，但并不忽视个人利益和价值。在这样的文化氛围下，个人目标与集体目标是一致的。团队成员之间的关系应当是和睦融洽的，彼此之间互相尊重、互相信任，为了共同的目标而凝聚在一起，并为目标的实现而共同奋斗。这种团队文化要求形成一个轻松、开放的环境，打破传统的家长制作风。团队负责人与团队成员共同制定目标，并共同解决工作中遇到的困难和问题，团队成员能够大胆表明自己的观点和看法，充分发挥团队成员的积极性，激发团队成员的创造力。

自我管理型团队是真正独立自主的团队，他们不仅探讨问题怎么解决，而且亲自执行解决问题的方案，并对工作承担全部责任。其方案一般由管理部门批准。这种类型的团队通常由10~16人组成，他们的工作是聚集在一起解决一般性的工作问题，承担以前由他们的上司所承担的一切责任。一般来说，他们的责任范围包括控制工作节奏、决定工作任务的分配、安排工作和休息时间。彻底的自我管理团队甚至可以挑选自己的成员，并让成员相互进行绩效评估。自我管理型团队也被称为高绩效团队、跨职能团队或者超级团队。目前，像我们所熟知的通用汽车公司、百事可乐公司、惠普公司、施乐公司等，实行的都是自我管理型团队。

自我管理看起来简单，但实际上并不简单。自我管理必须有科学的方法，还需要成员有相对较高的素质。研究表明，自我管理的优势主要表现在：增进了员工工作的灵活性，群体忠诚度和满意感提高，缺勤率及离职率降低。

但是，自我管理型团队并不一定总带来积极效果。它的不足之处在于：一是需要较长的时间才能成功建立；二是培训的成本高，需要企业大量的时间以及金钱投人进行培训磨合；三是早期的工作循环可能导致效率降低；四是某些员工可能不适应这种高自由度的工作结构，需要挑选工作成熟度高的员工。

自我管理型团队被证明是一种行之有效的团队组织类型，但并不是所有组织都适用，组织除了必须考虑到自我管理型团队上述的不足之处，还要考虑到构建这种团队是否同组织的一些因素保持一致。

三、多功能型团队

现实工作过程中，问题可能不单单出在某个部门内部，同样，解决问题也无法依靠单独部门，需要有跨职能团队对源自不同业务流程中的要素进行统筹安排。同时，来自某具体职能外的团队成员能带来客观的视角和全新的思维，可形成创造性的方案，解决和某些具体业务流程相关的问题。

多功能型团队也叫"跨职能型团队"，是由来自不同领域的专家组成的混合体。他们交换信息，激发新的观点，解决组织所面临的一些问题，共同完成各种各样的任务。跨职能型团队要求团队成员具有较高的专业技能，团队成员之间没有等级之分，只有分工的不同。跨职能型团队的成员来自不同的部门，成员之间原有部门的职位是不相同的，团队要成功运作，必须建立在平等、自由的团队文化之上。在这样的团队中，团队成员之间在工作中的上下级关系不复存在，团队领导与团队成员也只存在分工和职位的不同，没有地位的高低。这种团队文化应尊重个人意愿，充分发挥团队成员的个人能力。但为了防止团队成员在追求自我价值实现的同时损害他人利益，应明确团队成员之间的岗位职责和权限，制定严格的规章制度。

跨职能团队在实现隐性知识共享的过程中扮演着核心的角色作用。同样，它也可以使这个团队中的每一个成员在进行交流与沟通的同时，增长跨专业化的知识。

当然，多功能团队不是管理野餐会，多功能型团队的构建并不是一蹴而就的事情，在它形成的早期阶段往往要消耗大量的时间，因为团队成员需要学会处理复杂多样的合作任务。在成员之间，尤其是那些背景不同、经历不同的成员之间，建立起信任并能真正的合作也需要一定的时间。团队成员之间容易发生冲突，需要不断地沟通磨合，在一定时间内建立信任，而后真正合作共事。例如，在20世纪60年代，IBM公司为开发卓有成效的360系统，组成了一个大型的任务攻坚团队，攻坚成员来自于公司的多个部门。任务攻坚团队其实就是一个临时性的多功能团队。

四、虚拟型团队

学术界对虚拟型团队的定义不尽相同，但对其典型特征的描述是一致的，可以归纳为以下几个方面：①以项目为中心；②成员具有互相依赖的任务，为共享的目标分担责任，共同对团队结果负责；③成员通常是跨地域和（或）跨组织分布的；④成员更多的是分散工作而不是同处一地；⑤团队沟通主要依靠技术而不是面对面交流；⑥团队共同解决问题和作决策；⑦团队成员通常少于20人。

虚拟型团队是指一群在不同地域的个人，他们通过一个或更多项目上多样的信息技术进行合作。团队成员可能来自一个组织或多个组织。例如，建造"波音777"飞机时广泛运用的交叉机能团队，就曾发挥了虚拟团队的机能。他们的合作和成员来自于供应商（如GE公司）、客户（如美国航空公司），和那些主要是同一组织成员构成的通过人与人之间亲密接触的团队不同，虚拟团队跨时间、跨地区甚至跨组织工作（成员来自不同组织）。

目标对任何团队来说都是重要的，对虚拟团队更是如此。明了、精确、完全同意的目标是虚拟团队的融合剂。等级制度包括主管任命和解雇人员的权力、官僚主义包括使用规章制度引导产出，在有效的虚拟团队中应尽可能减少。

如在所有团队中一样，人在虚拟团队中处于核心地位。但也会存在一些独特的、扭曲的现象。当和其他人合作时，每个在虚拟团队中的人需要自主权和独立性。这种两难性要求团队成员间建立信任机制。一个虚拟团队最核心的特征是用以联系成员和实施任务的一系列以技术为基础的纽带。虚拟团队越来越普遍是因为计算机及电信技术的飞速发展。

柯达公司利用了一个虚拟团队为欧洲市场生产了一种单一用途的照相机。虽然这种新产品的功能类似于已投放市场的某些产品,但柯达公司想改善产品的外观及某些特性从而特别吸引欧洲客户。两名德国工程师加入设计小组,先是在纽约的曼彻斯特,后来通过计算机及通信设施直接与德国连接。通过创立时空独立机制的虚拟团队,柯达对区域市场的机遇作出了迅速反应。

五、组织结构的概念

所谓组织结构是指组织的基本架构,即为了达到某些特定目标经由分工与合作及不同层次的权利和责任制度而构成的人的集合,是按一定领导体制、部门设置、层次划分、职责分工、规章制度和信息系统等构成的有机整体。一个组织的架构反映了这个组织的文化和权力关系。科学合理的组织结构是组织成员为完成工作任务、实现组织目标,在职责、职权等方面形成的分工协作体系。组织结构是确保管理效率的基础,是企业实现短期经营目标和长期战略目标的制度平台。

就本质而言,组织结构是反映组织成员之间的分工协作关系。组织结构设计的目的是为了更有效、更合理地把组织成员组织起来,让他们有可能为实现组织的目标而协同努力。每个社会组织内部都有一套自身的组织结构,他们既是组织存在的形式,本身又是组织内部分工与合作关系的体现。由于组织内外部环境的不同,组织结构的类型也不相同,其组织行为也不尽相同。

六、组织结构的类型

（一）直线型组织结构

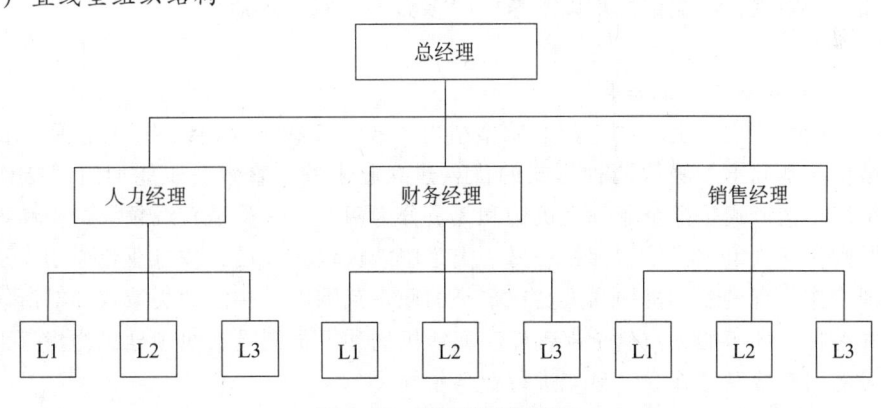

图 3-1　直线型组织结构

直线型组织结构是一种最早也是最常见的组织形式。它的特点是企业各级行政单位从上到下实行垂直领导,下属部门只接受一个上级的指令,各级主管负责人对所属单位的一切问题负责。一切管理职能基本上都由行政主管执行。

直线型组织结构的优点是结构比较简单、责任分明、命令统一。缺点是它要求行政负责人通晓多种知识和技能,亲自处理多种业务。这在业务比较复杂、企业规模较大的情况下,把所有的管理职能都集中到最高主管一个人身上，显然是难以胜任的。

因此，直线型组织结构只适用于规模较小、生产技术比较简单的企业，对生产技术和经营管理比较复杂的企业并不适用。

(二) 职能型组织结构

职能型组织结构是一种以职能工作为中心进行组织分解的结构。组织从上至下按照相同的职能将各种活动组合起来。职能型组织结构的特点是将技能相似的专业人员集合在各自专门的职能机构内，并在各自的业务范围内分工合作，组织任务集中明确，上传下达。

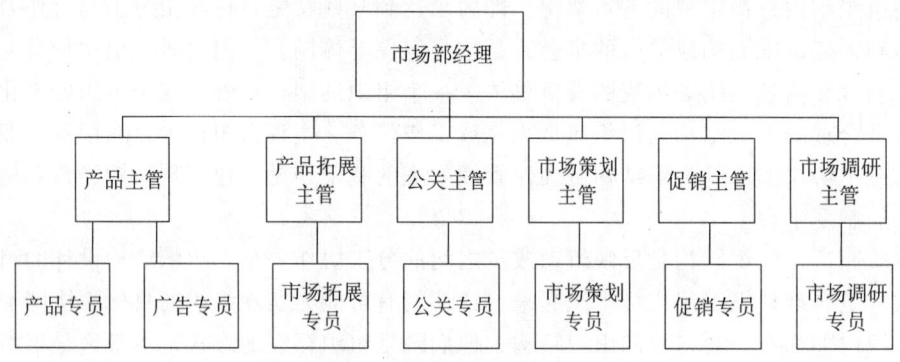

图 3-2　职能型组织结构

职能型组织结构的主要优点是提高了专业化的管理水平，同时降低了设备和职能人员的重复性，减轻了高层管理者的责任压力，使其能专心致力于最主要的决策工作。其缺点是各职能部门往往会片面追求本部门的利益，部门之间缺乏交流合作，且矛盾冲突会增多，这又会增加高层管理者的协调、统领全局的难度和完成任务的压力。另外，由于受各职能部门狭窄的专业知识的限制，职能结构难以培养出"多面手"式管理通才。

(三) 直线—职能型组织结构

直线—职能型结构，也叫"生产区域型结构"或"直线参谋型结构"。它是在直线结构和职能型结构的基础上，吸取两种形式的优点建立起来的。直线—职能型组织结构的特点是：这种组织结构形式是把企业管理机构和人员分为两类，一类是直线领导机构和人员，按命令统一原则对各级组织行使指挥权；另一类是职能机构和人员，按专业化原则，从事组织的各项管理工作。直线领导机构和人员在自己的职责范围内有一定的决策权和对所属下级的指挥权，并对自己部门的工作负全部责任。职能机构和人员则是直线领导机构指挥人员的参谋，不能对部门直接发号施令，只能进行业务指导。

直线—职能型结构的优点是既保证了企业管理体系的集中统一，又可以在各级行政负责人的领导下，充分发挥各专业管理机构的作用。其缺点是职能部门之间的协作和配合性较差，职能部门的许多工作要直接向上层领导报告请示才能处理，这一方面加重了上层领导的工作负担；另一方面也造成办事效率低。

为了克服这些缺点，可以设立各种综合委员会，或建立各种会议制度，以协调各方面的工作，起到沟通作用，为高层领导出谋划策。目前，我国绝大多数企业都采用这种组织结构形式。

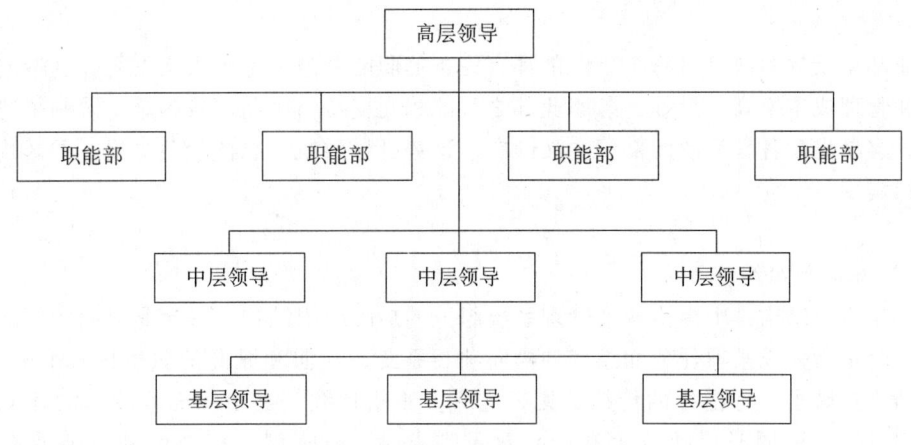

图 3 – 3　直线—职能型组织结构

（四）事业部型组织结构

事业部型结构是指组织面对不确定的环境，按照产品或类别、市场用户、地域以及流程等不同的业务单位分别成立若干事业部，并由这些事业部进行独立业务经营和分权管理的一种分权式结构类型。事业部型组织结构的特点是各事业部内跨职能的协调增强了，事业部结构鼓励灵活性，因为每个单位变得更小，就能够适应环境的需要。当环境不确定，需要部门间相互依存，组织更注重顾客导向和适应性时，事业部型组织结构是合适的。事业部型组织结构是分权的结构。因此，事业部型结构必须具备三个基本的要素，即独立的市场、独立的利益、独立的自主权，执行"集中政策，分散经营"的管理原则。

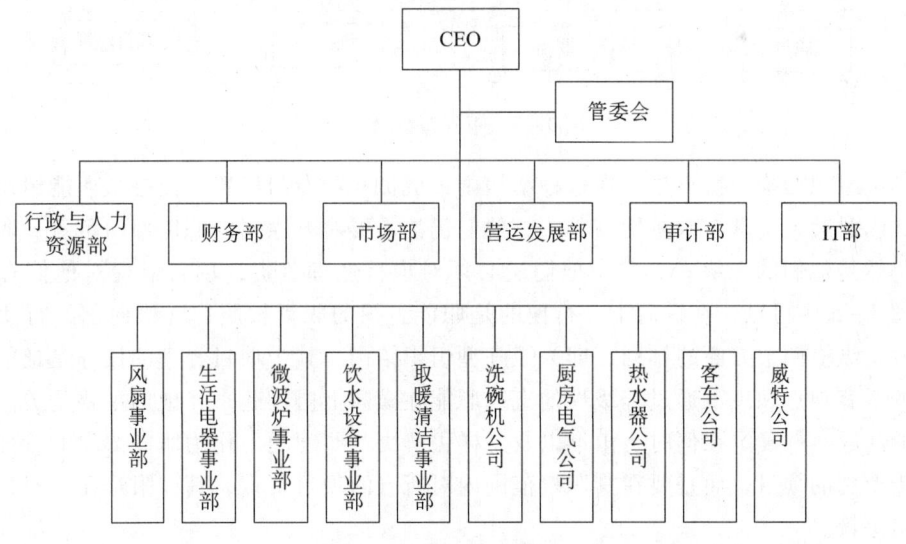

图 3 – 4　事业部型组织结构

陆事业部型组织结构的优点是它使高层管理部门摆脱了日常繁杂的行政事务，可以使其专注于公司的战略决策事务。各事业部独立经营，拥有充分的自主权，即可以更好地以顾客为中心促进资源的有效整合，又可以提高对市场竞争环境的敏捷适应性，使公司较早适应未来的竞争与挑战。同时，这种结构有利于调动经营者的积极性，培养"多面手"式管理通才。

事业部型结构的缺点是每个事业部都有完备的职能部门,由于机构重复,会造成管理人员增多和管理成本增高。另外,各职业部之间的相互支持与协调比较困难,限制了组织资源的共享,容易出现各自为政的部门主义倾向,这势必导致组织总体利益受损,并影响到组织长期目标实现。

(五) 矩阵型组织结构

矩阵型组织结构是由纵横两套管理系统组成的矩阵组织结构。一套是纵向的职能管理系统,另一套是为完成某项任务而组成的横向项目系统,横向和纵向的职权具有平衡对待性。矩阵型结构打破了统一指挥的传统原则,它有多重指挥线。当组织面临较高的环境不确定性,组织目标需要同时反映技术和产品双重需求时,矩阵型结构应该是一种理想的组织形式。

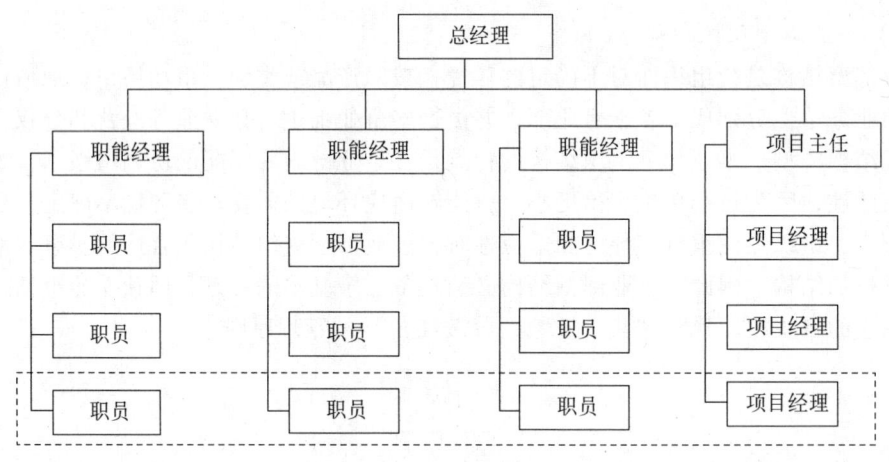

图 3-5 矩阵型组织结构

矩阵型组织结构的特点是:在这种结构中,成员并不专门设置,而是从职能组织中抽调或借用,因此其人员具有双重性。其一,他们仍然需要对其原属的职能部门负责,职能部门的主管仍然是他们的上级;其二,他们又必须对项目经理负责,项目经理对他们有项目职权。从图 3-5 中可见,在纵向上,行使的是职能组织的职责权限;在横向上,行使的则是项目职权,纵横两个方面的排列,即为矩阵型组织结构。其中项目经理的任务是把他们在项目方面的所有观点和决策通过等级性的直线职能在横向上协调起来,他们主要是关注其在项目方面的问题,并确定在何时、由谁以及怎样去解决这些问题。作为职能部门的管理者则不是着眼于个别的项目,而是要在其职权范围内对所有的项目负责,其权限是在于对如何完成工作做出决策。

根据项目经理和职能部门经理对于项目影响程度的大小可以将矩阵式组织结构分为弱矩阵、平衡矩阵和强矩阵三种。

弱矩阵基本上保留了职能式项目组织结构的主要特征。但是为了更好地实施项目,建立了相对明确的项目实施小组,不过并没有明确对项目目标负责的项目经理,即使有项目负责人,他的角色也不过是一个项目协调或项目监督者,而不是真正意义上的项目管理者,对资源的支配权大多仍掌握在职能部门经理手中。此团队成员的汇报关系应以向职能经理汇报为主，向项目经理汇报为辅。由于没有正式任命的项目经理，职能经理对项目的支持程度对项目的成功起着非常重要的作用。

平衡矩阵是为了加强对项目的管理而对弱矩阵组织形式的改进，与弱矩阵组织形式的区别是在项目小组中任命一名对项目负责的管理者，即项目经理，项目经理被赋予完成任务所应有的职权和责任。但项目经理不是独立于职能部门的，他在负责项目的同时还需参与或承担本部门的工作。项目经理以对部门及该部门中主要工作（或重要）人员的控制为主，由职能经理负责各个职能项目团队中一般人员的管理。在这种矩阵形式中，项目经理也是兼职的。

强矩阵是一种典型的矩阵组织结构，类似于项目形式。强矩阵式组织是指组织的资源均由职能部门控制及所有，项目经理根据项目需要向项目部门借用资源，在这种组织中项目经理是这个临时项目团队的最高管理者，此时团队成员的汇报关系应以向项目经理汇报为主，向职能经理汇报为辅。这种组织结构中，资源均由职能部门所有和控制，每个项目经理需要根据项目需要向职能部门借用资源。每个项目是临时性组织，一旦项目任务完成后就解散，各专业人员又回到各自职能部门再执行别的任务。

弱矩阵、平衡矩阵、强矩阵这三种形式反映了项目经理和职能经理对于项目影响程度的大小。随着矩阵由弱到强的变化，项目经理对项目的影响程度越来越大，而职能经理对于项目的影响程度越来越小。弱矩阵式组织保留了职能式组织的许多特征，项目经理的角色，其协调或者督促的作用大于经理的作用。强矩阵式组织则具有项目制组织的许多特征，拥有相当大权限的全职项目经理以及全职的项目行政管理人员。而平衡矩阵式组织承认设置项目经理的必要性，但项目经理对于项目和项目资源无权全权支配。

矩阵型组织结构的优点是：由不同背景、不同技能、不同专业知识项目人员所组成，为某个特定项目共同工作。一方面可以取得专业化分工的好处，另一方面可以跨越各职能部门获得他们所需要的各种支持活动，可以在不同产品之间灵活配置资源。通过加强不同部门之间的配合和信息交流，可以有效地克服职能部门之间相互脱节的弱点，同时易于发挥事业部型机构灵活的特点，增强职能人员直接参与项目管理的积极性，增强矩阵主管和项目人员共同组织项目实施的责任感和工作热情。矩阵型组织结构的缺点是：组织中的信息和权利等资源一旦不能共享，项目经理与职能经理之间势必会为争夺优先的资源和权利的不平衡而发生矛盾，协调处理这些矛盾必然会牵扯管理者更多的精力，并付出更多的组织成本。另外，一些团队成员之间还可能会存在任务分配不明确、权责不统一的问题，这同样会影响到组织效率的发挥。因此，如何客观公正地评价其绩效，并在成本、时间、质量方面进行有效的控制将是此类组织机构正常运行的关键。

（六）横向型组织结构

横向型组织结构也叫"团队型结构"。随着公司再造管理的深入，横向结构的组织应运而生。横向型组织结构是在打破传统的按职能划分部门和以纵向指挥链为主要特征的企业改造中产生的。横向型组织结构的特点是：这种结构几乎没有组织阶层，结构扁平，全部依靠横向交流。它同其他组织结构形式有明显的区别，首先，它以工作团队而不是个人为基础。其次，它是按照专门的工作活动组织起来的，比如制造一种特殊的产品或者为专门的客户群服务。第三，横向型组织结构的阶层非常扁平，管理层通常不超过两三层。团队成员轮流担当协调员来负责大部分管理工作。最后，这种形式的组织结构正规性极低，几乎所有的日常工作决策权交给了团队成员而不是他们的上一级。几乎没有规定告诉他们该如何组织工作。取而代之的是，管理层分派给他们任务目标，例如产品和服务的产量和质量，或提升工作过程生产力的目标。团队成员们被鼓励去运用可得资源并发挥他们的主动精神来达到目标。

传统部门的边界被打破，围绕工作流程或过程而不是职能部门来建立结构。纵向的层级组织扁平化可能只在传统的支持性部门，如财务和人力资源部门，留存少量高级管理者。管理的任务委托到更低的层级，多数员工在多职能、自我管理团队中工作。这些团队围绕诸如新产品开发之类的过程而设立。顾客驱动，横向型公司为了使横向设计奏效，流程必须以满足顾客需求为基础，这使得员工像和供应商联系一样，与顾客进行直接的经常的联系。

横向型组织结构的优点：横向型组织结构具有较高的响应度和灵活度，它成为一种越来越受欢迎的组织结构。团队给予成员权利，削弱了对管理层的依赖，同时节省了成本。跨职能团队越过了传统界限，促进了组织沟通和协调。更高的自主性让这种结构能更快地作出更多非正式的决策。例如，一些医院正是由于这个原因而从职能性部门转化为跨职能型团队。有护士、放射科医生、麻醉师、医药代表、复原临床医生、其他专家（很可能还有社会工作者）组成的团队可以更有效地沟通和协调，这样就减少了延迟和失误。

横向型组织结构的缺点：横向型组织结构需要持续培训人际关系技巧，维持这种结构的成本比较高。在团队发展的前期，团队成员们花在协调上的时间要比正规等级机构中多得多。由于角色的模糊性增强，雇员们可能要经受更多的压力。团队负责人也要因为冲突增多、职能权利丧失和职业发展的不明确性而承担更大的压力。成功进行了横向型公司改造的企业，取得的成效是显著的。如某跨国公司，撤销了诸如行政管理、生产和研发的副总裁，取而代之的是自我管理团队。公司拥有100多个这样的团队，为各种各样的流程或项目服务。但是，横向型结构的改造很可能是一个漫长而困难的过程，对员工和管理者的要求也是相当苛刻的。实际上，在实施公司再造的企业中，成功率不是很高。

（七）虚拟组织结构

虚拟组织也被称为动态网络结构。虚拟组织是一种以项目为中心，通过与其他组织建立研发、生产制造、营销等业务合同网，有效发挥核心业务专长的协作型组织形式。虚拟组织形式的形成、发展应当归功于信息网络的发展。虚拟组织的组织结构像计算机一样，通过应用外部设备扩大自己的功能。虚拟组织以市场模式代替传统的纵向层级组织，公司通常保留关键部门如研发和营销，而将销售、服务、制造等进行外包，有一个较小的总部来协调或代理。如著名的运动鞋公司耐克公司，只从事设计和销售，制造全部外包。

动态网络结构的优点是：组织结构具有更大的灵活性和柔性，以项目为中心的合作可以更好地结合市场需求来整合各项资源，而且容易操作，网络中的各个价值链部分也随时可以根据市场需求的变动情况增加、调整或撤并；另外，这种组织结构简单、精练，由于组织中的大多数活动都实现了外包，这些活动更多的是靠电子商务来协调处理的，所以组织结构可以进一步扁平化，效率也更高。动态网络结构的缺点是：可控性较差。这种组织的有效性是靠与独立的供应商广泛而密切地合作来实现的，由于存在着道德风险和逆向选择性，一旦组织所依存的外部资源出现问题，如质量问题、提价问题、及时交货问题等，组织将陷入非常

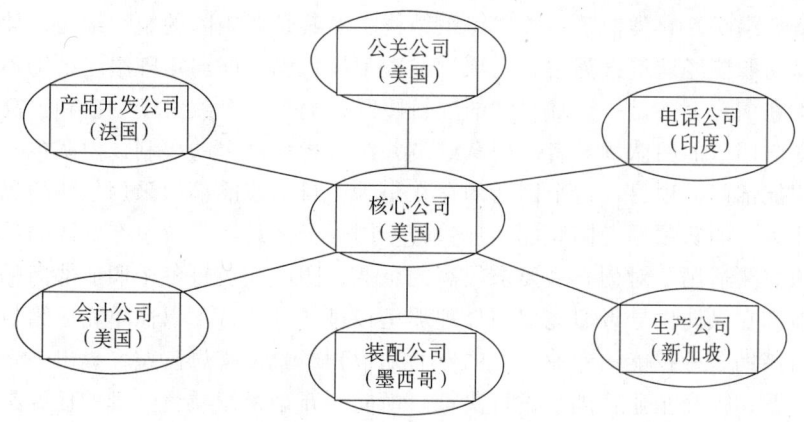

图 3-6 虚拟组织结构（动态网络结构）示例

被动的境地。另外，外部合作组织都是临时的，如果网络中的某个合作单位因故退出且不可替代，组织将面临解体的危险。同时，由于项目是临时的，员工随时都有被解雇的可能，因而，员工的组织忠诚度也比较低，动态网络结构还要求建立较高的组织文化以保持一定的凝聚力。

（八）协调型组织结构

协调型组织结构是近年来新兴的一种组织结构，它是为适应当今社会的迅速发展，顾客需求的多样化，以及企业对效率和创新的高度追求，在矩阵式组织结构的基础上发展起来的。协调型组织结构既凸显了职能制组织结构、矩阵式组织结构、横向型组织结构等多种结构的优点，又很好地避免了各种结构类型的缺陷。协调型组织结构的一维按职能化分工，对管理业务负责；另一维属于横向创新团队的范畴。

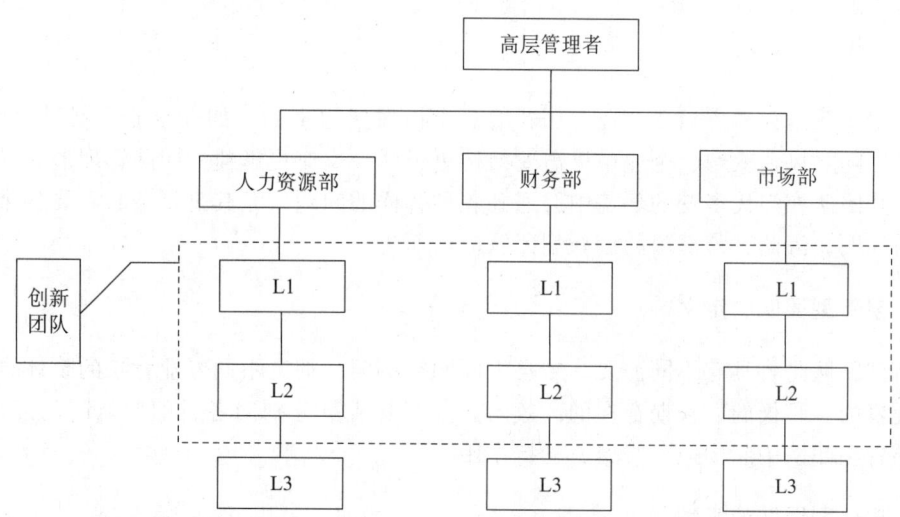

图 3-7 协调型组织结构的特点

协调型组织结构的特点是：在保证统一指挥的前提下，打破传统的按职能划分部门的局限性。在这种结构中，成员属于各职能部门，受各自职能经理指挥和控制的同时，也属于一个横向的创新型组织。它类似于矩阵式组织结构，尤其是弱矩阵的组织结构，此项目成员的汇报关系应以向职能经理汇报为主，向项目经理汇报为辅。同弱矩阵组织结构不同的是，协调性组织结构在横向上不是一个临时性的项目团队，而是一个致力于创新和提高工作效率的长期团队，横向团队的团队领导者对团队成员并没有指挥命令的权利，团队也不是承接一个独立于各个职能部门的项目，这个团队的存在是为了帮助职能部门采用创新的思维和方法更高效地完成业务，团队领导者同职能经理致力于同一个项目，没有争夺资源的冲突。

这种组织主要适用于对创新型要求较高的企业，团队成员是各个职能部门的经验丰富的专业人才，他们在纵向领导者职能部门经理那里接过任务后，不以简单完成为目的，而是协同横向组织，借助多种技能的专业人才的专业知识和经验，集思广益，提出一个创新性的高效率的可行方案，提交企业管理层进行决策。横向创新型组织项目经理的任务是使成员在横向上协调起来，加强沟通，调动成员的创新性，鼓励创新型方案的提出，向管理层提交新的计划与方案，并监督、支持项目的实施。这种组织形式纵向的层级组织扁平化，组织成员具有一定的决策权限，增加了协调和沟通的效率。

协调型组织形式的优点是：涵盖了直线型组织结构、职能型组织结构、直线——职能型组织结构、事业部型组织结构和矩阵型组织结构的优点，包括：责任分明，统一指挥；提高专业化的管理水平，降低了设备和职能人员的重复性；减轻了高层管理者的工作量，使其可以专注于公司的战略决策事务；加强了部门间的配合和信息交流，跨越各职能获取所需要的各种支持。而且，不同组织中的团队由不同的人员、不同的稳定性和不同的责权利构成。一般协调型组织中的团队人员构成多数是专职的，团队的稳定性高，而且责权利较大。

第三节　创新型团队

创新型团队是为适应当今企业对创新的需求而发展起来的，如今企业发展迅速的同时，外界环境也随之风云变幻，企业中更需要结构更灵活、反应更迅速的团队管理形式，更是因为企业及其团队在当代多变的环境中会遇到各种各样的问题，尤其是复杂的需要各个部门协调解决的问题，因此，跨部门的创新型团队应运而生。

一、创新型团队的定义

创新型团队是将具有不同需要，来自不同职能部门，拥有不同专业背景的个体自愿组成的一个凝聚的、积极的、长期存在的高效团队。团队成员分别向各自的职能部门经理负责，团队领导者在团队中起沟通、凝聚、支持作用。

二、创新型团队的类型

创新型团队是典型的多功能型团队，也叫"跨职能团队"。创新型团队是由来自不同部门的成员，为了完成某个特定目标而组成的。创新型团队旨在促使团队内不同领域的员工之间交换信息，激发新观点，提出创新方案，解决组织面临的新问题，协调完成复杂的项目。

创新型团队使不同领域的员工交流信息，激发人们采取新的方法解决问题，并共同合作完成复杂的工作。同时，创新型团队的构建并不是一蹴而就的事情，它在形成的初期也需要消耗大量的时间，成员需要学会处理复杂的工作任务，而且由于成员以往不同的工作背景，容易发生冲突，需要不断地沟通磨合，在一定时间后建立信任，而后真正合作共事。

三、创新型团队的组织形式

创新型团队的组织结构属于协调型组织结构。在保证统一指挥的前提下，创新型团队打破了传统职能、业务部门的界限，实现了跨部门的横向组合。创新型团队一般不是临时组建的项目团队，而是倾向致力于创新和提高工作效率的长期团队。在这种团队里，团队领导者对成员一般不跨越部门实施指挥，而只是任务引导；团队承担的项目一般涉及多个部门，且大多与组织内部的种种难题或任务相联系；团队的存在是为了帮助组织和业务部门，采用创新的思维和方法更高效地推进业务的达成。因此，至少在大方向上，团队与部门的目标是平行或一致的，在团队与管理层的协调与共识之下，一般不会发生类似争夺资源的冲突。

四、创新型团队的特点

（一）打破职能壁垒

创新型团队将具有不同需要、属于不同职能部门、拥有不同专业背景的成员纳入团队，打破了职能界限。一方面可以取得专业化分工的好处，另一方面可以跨越各职能部门获取某项目所需要的各种支持。可以在不同项目或业务之间灵活配置资源，避免了以职能为导向的组织结构的弊端。创新型团队既保证了管理体系的协调统一，又在各职能部门的领导下，打破部门间壁垒，加强部门间的协调性和配合性，保证了资源的共享，共同完成各种跨职能业务，解决各种跨职能的问题，减少耗费在部门间统筹和协调上的时间和精力。

（二）资源共享

创新型团队常存在一位团队成员同时服务于两个或两个以上项目的情形，因此创新型团队具有组织内关联的特性，避免了项目团队资源独占带来的弊端。创新型团队涉及的多种业务或项目，因为有共同的成员，业务或项目之间就形成了关联，这样团队能够更便捷地在项目之间自由调配员工，优化资源利用。当团队成员在做某项工作时，可能会发现另一项目也做过或者在做同样的工作。这时组织内关联就可以阻止项目间的重复工作，从而提高生产力。随着组织结构日趋扁平化、以项目为导向、在地域上更加分散，团队成员同时参与多个项目的情形也变得日益普遍。

（三）自主创新

使高层管理者摆脱了日常繁杂的事务，可以使其专注于公司的战略决策事务。

利用专业技能，参与创新性方案的讨论与提出，有利于提高组织成员的积极性，增强了团队成员的责任感和工作热情，有利于企业培养"多面手"式的管理通才。

创新型团队强调团队的协作精神，汇聚各职能专业人士的观点和意见，从客观的视角和全新的思维形成创造性的方案，以适应外界环境的复杂变化，因此这种组织形式具有更大的灵活性和柔性。

（四）先锋性定位

创新型团队的先锋性首先体现在其成员素质上。创新型团队成员均为来自各部门的精英人才，拥有一定的技术、管理经验和适当的决策权，由这些优秀成员组成的团队势必带来高效的工作和优异的业绩，成为企业内部各部门员工工作的标杆，因而体现了团队的先锋性。

创新型团队因其优秀的业绩成果将自己定位在先锋性上，这也是一种激励手段，可以满足团队成员的尊重需求、归属需求和自我实现需求等高层次的需求。对于员工起到很好的激励作用，团队成员以能在创新性团队中工作而自豪，自愿产生对于团队的强烈的忠诚度和奉献精神。

创新型团队的先锋性定位是团队品牌核心价值的一部分，可以使团队品牌更容易被团队内外成员所接受，有利于团队品牌的推广。

（五）长期存续

一些临时性团队，尤其是项目式组织形式的项目团队，在项目临近结束的时候，团队成员将会更多地关注自己的未来职业和利益，而较少关心现在的工作。而创新型团队成员跟单聚合，长期合作，即使当前业务或项目结束，创新型团队依然存在并保持良好的沟通，信息的共享，团队成员互通有无，交流经验，进而提高了以后项目的效率。这不仅解决了项目团队临时性带来的团队成员何去何从的问题，避免了临时性团队成员责任心不强的弊端，更重要的是，创新型团队成员经过多次项目合作，彼此信任增强，了解透彻，在接下来的工作中减少磨合时间，极大地提高工作效率。

如果团队成员经常变化，新人员不断被分配到项目中，原有人员因其他项目的缘故经常缺勤。这种过于频繁的人员流动不利于团队凝聚力的培养。一个有长期任务并且成员比较稳定的团队，肯定比任务期短而且成员流动性较大的团队更有效率。这是创新型团队的长期性带来的另一个优势。

（六）品牌化

品牌化起源于19世纪的欧洲。美国著名营销学者菲利普·科特勒对品牌定义的表述是："品牌是一种名称、名词、标记、符号或设计，或是它们的组合运用，其目的是借以辨认某个销售者或某群销售者的产品或劳务，并使之同竞争对手的产品和劳务区别开来。"

品牌离我们的生活越来越近，不只是商品，很多服务行业、文化娱乐行业、非政府组织、新闻出版行业等都越来越多地采取品牌化策略。对于团队来说也同样如此，创新型团队看重品牌所带来的附加价值，把品牌的概念引入团队建设，使团队品牌化。

（七）"法约尔桥"沟通方式

对于创新型团队来说，沟通是团队的核心任务。不仅仅在完成业务或项目的过程中需要沟通，而应将沟通贯穿创新型团队的整个存续期间。创新型团队贯彻了法约尔桥的沟通方式，充分发挥了便捷的横向沟通的优势。良好的沟通带来的高效是创新型团队的一大特色。

管理机构中，最高一级到最低一级建立的关系明确的职权等级既是执行权力的线路，也是信息传递的渠道。但是这种统一指挥容易造成信息传递延误，为解决这一问题，法国企业家法约尔设计出一种横跨权力等级链进行交往联系的"跳板"原则,又称"法约尔桥"。

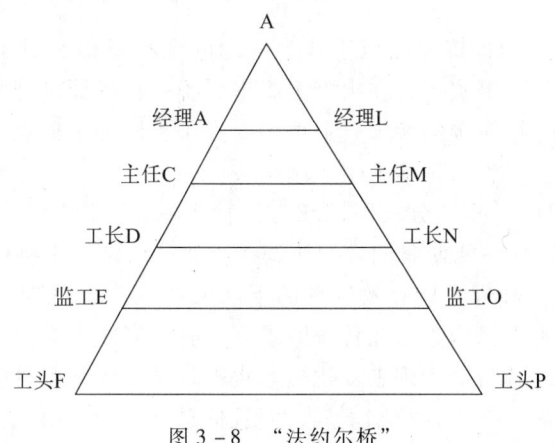

图 3-8 "法约尔桥"

"法约尔桥"原理:在层级划分严格的组织中,为提高办事效率,两个分属不同系统的部门遇到只有协作才能解决的问题时,可先自行商量、自行解决,只有协商不成时才报请上级部门解决。"法约尔桥"的运用既使组织坚持统一指挥原则,又能缩短信息联系的路线,有利于企业迅速决策。

(八) 管理扁平化

协调型组织结构纵向层级扁平化,而且组织成员具有一定的决策权,减少了需要向上级请示汇报的工作量,提高了沟通和办事效率。

扁平化,就是指在决策层和操作层之间的中间管理层越少越好,这种组织会尽最大可能将决策权延伸至离高层最远的地方。

组织构建中一种可靠的组织结构是具有最少的层次,即拥有一个尽可能"扁平"的组织结构。信息技术的迅猛发展使社会各层面的活动量显著增加,知识流大大加速,时间的压力要求组织作出快速反应和决策以保持企业的竞争力。传统的多层等级制严重地阻碍了这种反应和决策。

计算机及互联网技术的应用,使企业内外的信息传递更为方便、直接,原有组织内大量中间层面得以删除,管理层次的减少有助于增强组织的反应能力。企业的所有部门及人员更直接地面对市场,减少了决策与行动之间的延迟,加快对市场和竞争动态变化的反应,从而使组织能力变得柔性化,反应更加灵敏。

现代扁平化组织结构理论,是对传统多层化组织结构理论的否定,它强调:

(1) 系统。企业在分工基础上,应当更强调系统。系统学者冯·伯塔朗菲认为,一个企业组织是一个许多相互作用的部分组成的开放系统,管理人员应用系统方法就可以阐明系统目标,确定评价系统工作成绩的标准,并把企业同各种环境系统更好地联系起来。彼得·圣吉提出用系统思考的方法创造学习型组织。

(2) 减少中间层。美国管理学家杜拉克指出:"组织不良最常见的病症,也就是最严重的病症,便是管理层次太多。组织结构上一项基本原则是尽量减少管理层次,尽量形成一条最短的指挥链。"

（3）影响力。影响力并非完全来自于权威，还受其他因素的影响，如知识、信息、人格魅力等。

（4）灵活指挥。统一的指挥原则似乎成为管理的金科玉律。对于相对简单的组织，这一原则显然是合乎逻辑的。事实上，在大型组织里，统一指挥原则经常无法实现。例如，由于专业知识的逐渐增加，组织中的参谋日益增多，高层主管为了使这些参谋发挥效用，常授权他们去控制某些部门，产生了矩阵式组织结构。

（5）分权。20世纪后半叶"分权"已成为一种潮流。某跨国公司总裁罗勃脱说："过去我们的机构臃肿庞大，唯一能使我们发挥协调作用的办法是缩小机构"。

（6）加大控制幅度。管理者能有效管理的下属人数取决于管理方式与手段、管理者与被管理者的知识和经验水平等因素。在传统管理下，管理者主要是直接指挥与控制下属，再加上管理手段落后，管理者与被管理者知识经验水平较低，因而管理控制幅度较小。在现代企业中，管理者可能是间接指挥与控制下属，而且信息化、计算机化等使企业管理、管理控制幅度加大成为可能。近年来的趋势是加大管理幅度，构造扁平化的结构。

如果组织结构中间没有太多的管理层，决策层的许多优秀的经营理念、决策意图就会很容易传达到操作层，基层员工许多好的想法也可以很快传到决策层。学习型组织理论强调上下组织能够互动，才能产生巨大的能量。相反，如果上推不动下，下推不动上，这个组织就出现了障碍，大部分能量就消耗在层级之中。

组织的扁平化结构对于传统的领导观念是个极大的冲击。这是因为，在知识经济时代，首先，变革仅从高层领导开始，组织很难发生实质性的变革；其次，没有员工参与的领导行为，只能造成服从，而没有参与；最后，高层的判断经常失败。而在未来的学习型组织中，将会出现自上而下、自下而上、平行交流的全方位变革模式，最终目的就是形成平等交流的网络。

有的专家已经提出，今天中国企业改革的关键是"中层革命"，就是进行中间管理层的改革。

【拓展阅读】GE公司的扁平化

美国通用电气公司（GE）具有光荣的历史，但是从20世纪70年代以来，陷入了困境。总裁韦尔奇1981年上任后，认为GE的突破点就是进行组织结构的变革，首先要根治大公司常有的通病——"恐龙症"。GE公司原有40多万职工，其中有"经理"头衔的就达2.5万人，高层经理500多人，副总裁130人。管理层有12层，工资级别多达29级。韦尔奇很风趣地说："12个管理层次，就像穿了12件衣服，我已经没法感受外界温度的变化，我的行动很困难，必须把多余的衣服脱掉。"

从1981年到现在，GE公司至少砍掉了350个部门，将公司职工裁减为27万，管理机构由12层扁平化至5层。副总裁由130名减至13名。

扁平化使得GE在以后的12年里销售收入增长了两倍半，税后净利翻了3番，使得GE重新恢复生机，为此，《金融世界》将韦尔奇称为年度的"最佳总裁"。在知识经济时代，知识就是一种主要资源，知识的分布影响着组织结构，学习型组织日益成为扁平式的组织，扁平式结构代表着组织结构的方向。

（节选自张声雄：《如何创建学习型组织》，中国社会科学出版社2003年版）

（九）避免双头领导

团队中经常会出现这样一种情况，团队成员既要向团队领导者汇报，又要向职能经理汇报,这种情况在职能型组织、矩阵型组织和均衡矩阵型组织中尤为明显。这种双重领导会使项目团队的发展受到一定的限制,有时还会出现职能部门和项目团队二者组织指挥命令不统一的情况,从而导致团队成员因接到不同甚至是相左的命令而无所适从,工作效率降低。

创新型团队的组织形式——协调型组织结构是在矩阵式组织结构的基础上进化发展而来的,它既保留了矩阵式组织结构资源共享、便捷沟通的优势,同时也避免了矩阵式组织结构中多头领导所带来的弊端。创新型团队中的成员受职能部门领导的指挥和控制,在职能部门领导那里接到任务后,将该任务在团队内部讨论,这是团队领导起到组织、鼓励和支持的作用,经讨论形成创新方案后,团队领导将方案提交管理层审批,经管理层决策同意后,团队领导监督、协调该任务的实施。在这种模式下,职能部门经理同团队领导的着重点都在同一任务上,职能经理和项目经理的目标一致,项目经理只是为职能经理提出一个创新型的解决方案,他们共享组织中的信息和人力等资源,不会为争夺资源而发生矛盾,减少了协调矛盾所牵扯的资源和精力,使工作效率大大提高。

(十)团队学习

当今世界上的学习共有以下三大类型:

(1)转化为创造力的学习,这正是学习型组织强调的学习。

(2)无效的学习。这种学习往往是一种形式主义,从开始到结束只是走一个过场,这种学习对企业发展没有什么用,仅仅是应付而已,但是这种学习在很多企业中是普遍存在的。

(3)转化为破坏力的学习。这种学习会给人的思想蒙上阴影,会影响人的正常生活,甚至会危害社会。转化为破坏力的学习,情节重者类似法轮功;情节轻的类似有些企业经常召开的牢骚会议,这样的学习往往会起到消磨斗志的作用。

充分了解了以上三种类型的学习之后,我们在现实生活中一定要坚决摒弃后两种学习,积极推行第一种学习,力争把学习转化为创造力。只有这样,才能提升个人和企业的能力,才能有效地为社会贡献力量。学习型组织强调的学习是可以转化为创造力的学习。

创新型团队的成员同时参与多个项目给员工提供了更好地打造自己职业生涯的机会,他们可以借此发挥自身专长或培养新的专长,同时带来参与其他项目的实践机会和经验,帮助解决项目中出现的问题,通过交叉学习的方式让团队受益。

在重视学习,提升机会又不多的情况下,同时参与多个项目能够丰富社交网络,这也是一个有价值的激励工具。加入创新型团队并在其中参与甚至负责两个或两个以上的业务或项目,极大地满足了团队成员的自我实现需求。

第四节 创新型团队的建设

在经济全球化、一体化的形势下,市场竞争日趋激烈,出现了越来越多的新问题。传统的企业正式组织对于市场竞争中出现的新问题往往反应比较迟钝,工作效率也极为低下。团队是根据个人的天赋、特长、爱好、技能,自觉地经过整合而形成的。因此,团队能面对不断出现的新问题,以合作的精神来商议解决这些问题的途径和方法,并在成功和挫折当中,获得一种能够自我修复和不断改进的、顺应时势的工作与生活的发展理念、秩序与模式,在彼此宽容中呈现出群体优势,具有较高的工作效率。从企业生存和发展的角度来看,团队建设具有极为重要的意义。

一、团队建设的重要性

团队是由员工和管理层组成的一个共同体,该共同体合理利用每一个成员的知识和技能协同工作,解决问题,达到共同的目标。任何期望在高度变化的环境中生存、发展与壮大的单位、组织或企业,都需要学习建立团队的技巧,如何进行团队建设是当代组织领导者不可或缺的技能。团队建设对于现代企业来讲是非常必要的,其作用主要表现为以下几个方面:

(一)有利于增强组织灵活性

新经济的新变化要求企业组织普遍采用团队工作形式,企业要想在激烈的竞争环境中生存、发展,就必须改变过去对外界变化的应变能力较差的传统管理模式,使企业具备较强的组织灵活性,更好地应对外部环境的变化和适应企业内部的改革、重组。

(二)进一步强化激励机制

团队建设使员工拥有一个更大的活动天地,享有宽松、自主的环境,极大地激励团队成员的工作积极性和创造性。在团队生产条件下,由于最终产出是一个共同努力的结果,因而团队的氛围会促进成员为团队的绩效、荣誉而努力工作。

(三)提高劳动生产率

团队的组织模式使组织结构大大简化。领导和团队、团队和团队以及团队内部成员之间的关系变成伙伴式相互信任和合作的关系,使企业决策层能腾出更多的时间和精力,制定正确的经营发展战略,寻找更好的市场机会,从而产生比个体简单相加要高得多的劳动生产率。

(四)优化企业内部公关

团队强调通过沟通协调,提高员工归属感和自豪感,增强企业内部的凝聚力。同时,团队的工作形式要求其成员只有默契配合才能很好地完成工作,这促使他们在工作中有更多的沟通和理解,共同应对工作和生活压力。

(五)极大地提高员工素质与技能

团队鼓励成员一专多能,并对职工进行工作扩大化训练,要求成员积极参与组织决策。团队工作形式培养了职工的技术能力、决策能力和人际处理能力,使员工素质和技能得到极大的提高。

(六)提高信息传递的速度与质量

团队工作模式以计算机网络、信息处理软件等为支撑技术,通过共享信息,提高了信息传递的质量和速度。

一个工作团队正式组建后，要使其高效运作，必须进行相应的建设。在构造的过程中需要人，更需要时间，投入的是源源不断的财力、物力、精力，而产出却需要一个过程。团队协作的质量受很多因素的影响，比如团队成员个体的积极性、团队成员间的信任度、团队使命的清晰度、对目标的统一理解、资源的提供、团队成员间的沟通等等。我们付出了很多心血去构建一支高效的工作团队，但并不是每次都能成功。要想建设一个高效的工作团队，需要在很多方面作出努力，因此只有清楚地认识高效的工作团队，才能找到正确的方法，不让自己的辛苦白费。一般而言，要构建一支高效的工作团队，首先要了解高效团队的特征、团队在互动过程中容易出现的问题以及构建高效团队面临的主要挑战等，才能对症下药，寻找出构建高效工作团队的措施。

二、创新型团队的建设

在市场竞争异常激烈的今天，团队是很好地综合各种资源、提高效率的工作形式。然而，传统团队的常规工作方式也不可避免地被日益激烈的竞争所淘汰。创新型团队强调以创新的思维和方法探索问题的解决方法。

团队建设是在组建团队以后，团队所开展的各种建设与开发工作。这一工作的主要内容包括：团队精神的建设、团队绩效的提高、团队工作纠纷与冲突的处理和解决以及团队的沟通和协调等。

(一) 创新型团队建设的目的

企业建立创新型团队的最终目的是将其建成一个探索创新方案的高效团队。高效的团队是一个实现特定工作目标和目标转变行为的最有效的工具。

团队成员的协同工作可以产出更优质的工作成果、更好的工作环境以及更高的工作效率。一个高效的团队通常具有以下特征：

1. 明确的目标

高效团队除了要理解团队所要实现的目标以外，还要对目标的重要性确信无疑、高度承诺。明确且承诺感高的目标能够使团队成员集中所有相关的资源，齐心协力、配合默契地全力追求目标。在高效团队中，每一个成员都尽心竭力地工作，他们明确自己的任务，清楚大家应该怎样在一起工作，采取何种模式，投入多大的精力，调动何种资源以实现目标。团队的领导应该确定每一个成员都了解自己应该完成的任务，否则组织所确定的目标将很难实现。

2. 相关的技能

高效的团队由一群能力很强的个体组成。团队成员应具备必要的技术与能力，同时具备与他人一起工作并取得优异成果所需的个性特征。并不是每一个技术上称职的人都可以在一个团队中表现出良好的绩效。

高效团队需要既有技术能力又能有效进行人际沟通的成员，这样可以增加团队成员的自信心，并帮助团队成员激发自我潜能。

3. 相互的信任

高效团队是以团队成员之间的高度信任为特征的，也就是说每个成员对于自己的伙伴都深信不疑。但我们在处理自己的人际关系时可能感受到，信任非常脆弱，花费大量时间建立起来的信任很可能顷刻间化为乌有。信任与不信任是对等产生的，管理层应该特别关注维护信任。组织的文化和管理者自身的实践活动会在很大程度上影响团队的气氛，一个关注坦诚、正直与合作的组织文化很可能会鼓励员工的参与，这样也就很可能产生让员工之间相互信任的组织文化。

4. 统一的承诺

高效团队成员都表现出对团队的高度忠诚和对团队工作的奉献精神，他们愿意为团队成功做任何事情，我们把这种忠诚和奉献精神称为统一的承诺。对成功团队的研究表明，高效团队中的成员对他们的群体有认同感，成员重新界定了自我概念，并把自己的团队成员身份看作是一个重要组成部分。

5. 良好的沟通

高效的团队崇尚开放、诚实、协作办事的原则，鼓励员工的参与和自主性。在团队工作中，团队成员都愿意互相听取意见，无拘无束地阐明事实，提出自己的观点和表达内心的真实感受。为了解决问题，团队成员既能够对他们认为缺乏事实依据或不符合逻辑的观点提出异议，也能够避免争吵或把自己的观点强加于别人。一个高效团队的成员不会在背后埋怨和非议人，他们能够迅速准确地了解彼此的想法和情感。

6. 谈判的技能

团队成员在团队中的工作、工作描述、规定与程序都事先设计好，这样可以明确每一个团队成员的职责。与此同时，高效团队还应该灵活并且可以不断地进行调整，这就要求团队成员有足够的谈判技能。团队中的问题和关系是不断变化的，这要求团队成员能够正视问题并解决分歧。

7. 恰当的领导

有效的领导可以让团队在遇到困难的情况下依然保持前进的动力。怎样才能做到这一点呢？领导可以指明目标，通过克服阻碍来证明变革的必要，领导还可以增加团队的信心，让团队成员发挥更大的潜能。重要的是团队的领导不一定是指导型和控制型的。事实证明，有效的团队领导更多的是扮演一个教练与支持者的角色。对于一些传统型管理者来说，放弃指导型的角色很难，但是大部分的管理者还是很愿意与员工一同分享权力的。

8. 内外部的支持

高效团队的最后一个特征是需要支持性的环境。从内部条件来看，团队应拥有一个合理的支持平台，需要有适当的培训、团队成员理解的考核体系、一个被认同并奖赏团队活动的激励项目、支持性的人力资源体系。从外部的角度来讲，团队应配备完成工作所必需的资源。

（二）团队建设的原则及要求

在高绩效团队的创建过程中，应当坚持以下原则：每个团队成员既承担一种功能，又担任一种团队角色；团队需要在功能及团队角色之间找到一种令人满意的平衡；团队的效能取决于团队成员认同团队内的各种相关力量以及认同按照各种相关力量进行调整的程度；某些团队成员比其他成员更适合某一团队角色，这取决于他的个性和智力；一个团队只有在具备了范围适当、平衡的团队角色时，才能充分发挥其优势。

团队建设之初，团队领导者应具备以下认识和观念的转变，或者说坚持以下原则才能确保团队建设朝着正确的方向进行，而不至于在团队建设过程中迷失，最终得到一个平庸的群体。

1. **必须清楚地认识团队与群体的关系**

从一般意义上讲，团队可以定义为：由两个或两个以上相互依赖，承诺共同的规则、具有共同的愿望、愿意为共同的目标而努力的互补技能成员组成的群体，通过相互的沟通、信任、合作和承担责任，产生群体的协作效应，从而获得比个体成员绩效总和大得多的团队绩效。团队与一般群体不同，与传统的组织也有很大的差别。一般群体大多数是自然形成的，传统的组织按照组织需要，通过结构化把人组合起来，而团队是一种为了实现共同目标，由相互协作的个体组成的正式群体。

团队是个群体，但群体并不都是团队。团队要高于群体，它不是任意拼凑起来的，更不是乌合之众，而是为实现共同的目标，按照必备的条件，经过严格的组织挑选和员工的主动选择，在实践活动中形成的相互认同、相互信任、有着共同愿望和共同价值观的团体。与一般群体相比，它是去松散化的，是去等级化的，也是去强制、去强迫性的。

2. **领导权力的观念要改变**

传统的权力观念已经不能适应今天的组织了，我们对领导权力应当有更加深刻的理解。美国著名管理学家哈罗德·孔茨把领导定义为：领导即影响力——影响人们心甘情愿和满怀热情地为实现群体的目标而努力的艺术或过程。领导影响力强调知识的权威以及人品、作风具有更大的影响力。美国哈佛大学商学院教授约翰·P·科特则指出，真正的权力来源于知识，是建立在相互尊敬、羡慕、了解、义务和友谊基础之上的良好工作关系，是良好的业绩和较高的威望，以及人际交往能力、各种施加影响的技能等。在团队领导与团队建设中，我们应当强调领导的影响力，淡化其职务权力。无数事实证明，那些单凭手中的权力发号施令，以权压人，搞命令主义的领导人，是无法获得成员的信赖和支持的。确立领导即影响力、靠影响力发挥作用的观念是我们做好团队领导与团队建设的重要前提。

3. **领导行为模式要由刚性转向柔性**

观念的转变落到实处就是行为的转变。领导行为的转变直接影响着组织的变革和发展。当今的领导行为应由刚性转向柔性，由显性转向隐性。领导者不只是靠控制、约束、命令、管理等刚性手段要求被领导者干什么，而是主要靠激励、沟通、协调、引导等柔性的方式来影响追随者；不只是靠直接的、外显的手段去指挥、监督被领导者，而是靠间接的、内隐的领导艺术去支持和获得追随者。今天，领导的任务和主题不仅仅是实现组织的目标，而且还应当更加注意如何使用和培养组织中的每一位成员，将人才留在身边。因此，在团队领导与团队建设中，领导首先要建立合作关系，建立一种持久的信任关系；其次要营造一种鼓励创新和开诚布公交流的氛围，让成员充分发挥其潜能，帮助他们建立由不同且互补的成员组成的工作团队，从而增强组织的力量。

4. **组织模式要从官僚制组织转向扁平化组织**

扁平化组织是一种通过减少管理层次、压缩职能机构、裁减人员而建立起来的紧凑而富有弹性的新型团体组织，它具有敏捷、灵活、快速、高效的优点。知识团队构成了扁平化组织内部组织的基础。扁平化组织内部不是以职能为单位，而是形成一个个动态的知识团队。这种团队将个体和组织结合起来，促进用户知识的显性化和实体化，最终形成完整、统一的市场知识转化机制。扁平化组织的运作核心是通过知识团队的自我管理，不断释放整体知识能量，进而实现组织价值创造空间的创新和拓展。只有组织模式的转变，才能为团队领导与团队建设的实现提供坚实的基础和宽广的空间。

（三）团队建设需要解决的问题

下面从团队领导者的角度探讨团队建设中需要解决的几个关键点：

1. 规划团队建设

首先，团队的目标必须明确。团队经理必须在团队建设之初，清晰地列出团队所要达到的总目标。同时，由于团队成员在加入团队时往往会有自己的个人目标，因此，团队领导者在制定目标时应充分考虑个人目标的因素，与团队成员个人目标有机地结合起来，以便在今后的工作开展过程中得到团队成员的大力支持。其次，工作的流程必须清晰。创新型团队领导者应该规划好一个流程组，包括成员间的沟通、汇报流程，创新方案的讨论流程和审批流程，问题发现与解决的流程，召开会议的流程等等。再次，成员的职责必须分明。创新型项目审批通过后，需由团队中的相关人员合作实施，团队领导者应充分利用工作分解结构、职责矩阵等工具，明确划分每个成员的工作任务，并对每个成员的工作范围、内容进行详细的描述。如果团队成员的角色和职责含糊不清或者出现重复，则很容易在项目的实施过程中出现互相推诿或发生冲突的局面，从而严重影响团队工作的协作性和效率。

2. 团队成员的选择

团队领导者当然希望从各个部门中甄选出最优秀的人员来组建自己的团队，然而，团队经理往往不能如愿以偿。即使在一个纯项目型的组织中，项目经理也可能没有充分的权力来挑选成员，一些新聘的成员也可能达不到预期的要求。而在一个矩阵型的组织中，这个问题就会变得更加复杂，团队领导者到职能部门去甄选成员时，往往不能得到职能部门经理的支持。因此，为了挑选到所需成员并建设一支出色的团队，团队领导者必须充分运用其个人的影响力，去争取那些最合适的人选加入到团队中来。

创新型团队领导者在选择团队成员时受到的阻力比项目团队或矩阵型团队要小，甚至职能部门的领导者都希望并鼓励自己部门的成员成为创新型团队的成员。这是因为，创新型团队与各职能部门并不存在资源共享方面的冲突。创新型团队与职能部门有着共同的目标，创新型团队的存在是为了帮助各职能部门探索更加高效的解决方案，帮助职能部门提高自己的业务水平，完成各职能部门的任务，更加迅速、容易地达到各职能部门所设的目标。

3. 赢得团队承诺

每个成员在加入团队时，都会有自己的个人目标，并且对团队总目标会有各自不同的理解和看法。特别是在团队建设的初期，由于团队发展的不确定性，他们并不愿意较早地作出承诺，他们倾向于等待，等到他们确信自己会继续为此团队付出努力时，才会对承诺真正有所考虑。团队领导者获取团队的共同承诺需要一个过程，这个过程往往是缓慢推进的。团队领导者必须理解这样一个过程，并尽可能加快这一过程的进程。只有在团队成员取得了共识，有了共同的承诺和共同的目标后，团队成员的凝聚力才会不断加强，团队的工作效率才会大大提高。获取团队承诺的一个行之有效的措施是，团队领导者在团队建设初期就创造条件让尽可能多的团队成员参与到决策中来。

4. 丰富沟通渠道

如果没有建立一个良好的沟通渠道，就会阻碍团队成员间的交流，不能促使成员彼此尽快熟知，也不能创建一个良好协作的团队。团队领导者必须尽早建立一个完善的沟通网络。在一个有效的沟通网络里，沟通并不仅仅意味着信息的单向传递，而且要求接收者能够理解信息的真正含义。也就是说，团队领导者要在建立起的沟通渠道中尽量创造机会促进双向沟通，通过有效的双向沟通，增进成员间的了解和友谊，培养团队协作的精神。加强双向沟通和团队磨合的方式有很多，其中最常用也最有效的一种沟通方式就是召开会议。一个协作的团队往往是建立在一种有效的会议制度上的。然而，一次组织不力的会议不仅不能取得团队成员的共识，而且还会打击成员参与的积极性和工作热情。因此，团队领导者必须对召开的会议进行周密的策划，制定一个良好的会议议程，以达到促进团队共同努力的目的。

5. 规范冲突管理

团队工作中的冲突是不可避免的。在团队存续期间，冲突可能来自各个方面。可能涉及到团队领导者、团队成员甚至是客户等项目关系人，工作内容、工作流程、进度安排、资源分配、人员调度、费用计划等都有可能成为冲突的起因。冲突如果处理恰当，可以激发讨论，澄清观念，发掘思路，促进团队建设；如果处理不当，将会影响成员沟通，阻碍成员协作，降低彼此信任，对团队产生很不利的影响。因此，团队领导者必须对冲突的发生有充分的思想准备，事先制定一个冲突管理流程，明确冲突发生后的解决途径，引导冲突向有利于团队建设的方向发展。关于冲突的来源以及团队生命周期不同阶段冲突管理的内容将在下一章进行具体介绍。

6. 建立激励系统

团队建设离不开激励系统的建立。只有团队成员愿意在该团队中投入足够的时间和精力，才会有较好的团队协作。因此，建立一个完善的激励系统，对团队成员工作积极性的提高、团队协作的加强都会有很大的推动作用。向团队成员强调团队工作的重要性是非常有效的激励手段。每位团队成员都希望自己能参与到一个非常重要的工作中，通过实践，丰富资历，实现自我价值。经验表明，当一个团队面临一项非常重要的工作时，该团队建设往往会变得非常成功。然而，并不是所有的团队工作都有举足轻重的地位，在这种情况下，团队领导者就要善于挖掘该项目或任务的独特之处，引导团队成员对团队工作的关注。

（四）团队建设的步骤

1. 确定团队目标

[拓展阅读] 惠普的无心插柳形成团队

惠普公司是由美国历史上最著名的"高层团队"创建的。实际上，戴维·帕卡德和威廉·休利特创造的不仅只是一系列的电子设备，他们也建立了一种专心致力于向客户提供高质量服务、给投资者以有吸引力的回报、给员工以独特的工作满足感的业绩文化。惠普公司的文化是经常被引用的注重客户服务和员工价值方面的样板，它影响着许许多多的团队。奇怪的是，惠普现在确实由一支高效率的高层工作组在领导，但并不是我们定义的那种团队。因此，它不仅可以提供一个有趣的说明，即强烈关注业绩结果可以让员工走到一起，建立团队，而且还表明，虽然不是团队但是有效的高层领导群体仍然能够保持一种能产生真正的团队、并被真正的团队所强化的环境。

帕卡德和休利特原来并没有打算要成立团队，他们只想建立一个企业。然而，为了达到他们的目的，他们当然成立了团队，而且还在他们周围培育了一支扩大了的团队。原市场营销和国际部副总裁迪克·艾伯廷回忆起20世纪50年代公司成立的那段日子：那时，整个组织以"协同合作、共同奋斗的精神像团队那样工作"的这种精神感染着每个人。显然，惠普公司那时是在戴维·帕卡德和威廉·休利特的独特思想、强烈的业绩价值观和高层团队驾驭方法之下运转的。

尽管当时惠普公司的层级制、政策和管理程序都没有着意强调团队这样的事实，但它还是在培育团队。在谈起许多学者对惠普内部团队的兴趣时，惠普公司曾经的执行副总裁和经营部主管迪安·莫顿感到困惑不解："我们真不认为这里有多少团队，我不敢说我们有那么多能令你们感兴趣的团队。"然而，最后学者们的发现是，团队实际上已经成为惠普公司正常管理程序中的一个重要部分。由此可见，强烈关注结果可以使员工走在一起，形成真正意义上的团队。

（节选自翟耘锋：《协同力：让企业生命体组织常绿》经济管理出版社2006年版）

创新型团队不是临时性、一次性的业务团队，它是指一组相互联系的人员同心协力、长期合作，共同应对各个部门多种类型的业务。团队采用按单聚散的方式长期合作，遇到某项任务时，他们协同合作，资源共享，高效地达成团队成员的一致目标。而在任务结束后，团队依然存在并保持良好的沟通和信息的共享，团队成员互通有无，交流经验，进而提高了以后项目的完成效率。

创新型团队所承担的业务或项目不是唯一的、临时的，但是并不意味着创新型团队没有共同的目标。相反，创新型团队将个人目标同团队目标完美地结合在一起。创新型团队中的成员需求大多为自我实现，即关于成长与发展、发挥自身潜能、实现理想的需要，而创新型团队的目标也正是提高团队的能力、效率和创新力。个人目标和团队目标互为前提，不可分割，从而产生了团队成员的共同愿景，提高了团队的凝聚力。

2. 确定团队类型

团队的类型多种多样，规模有大有小。每种类型的团队都有明显的特征。按性质分，团队有政治团队、企业团队、文艺团队等；按范围分，可以大到整个企业或多个企业组成的战略伙伴，也可以小到企业内部某个部门、某个小组。根据团队存续的时间，可以分为短期团队、中期团队、长期团队；根据团队存在的目的、拥有自主权的大小，可以将团队分为：多功能型团队、问题解决型团队、自我管理型团队、虚拟型团队。

创新型团队是长期存在的多功能型团队，它是由来自不同领域的专家组成的混合体，其目的是集思广益，推陈出新，为解决某一问题提出高效、创新性的可行方案，共同完成各种各样的任务。创新型团队是长期存在的，它打破了职能部门的界限，加强不同领域人员之间的信息交流，激发新的观点，解决面临的问题，协调复杂的项目。

3. 配置团队人员

团队建设的开始应当是招募团队成员，招募适合团队目标实现和完成团队工作的人员。选择创新型团队成员的最主要因素就是其当前需求是否与创新型团队的目标相符，即该成员的当前需求是否以自我实现需求为主，这样的成员认为成功的喜悦比任何报酬都大，因而能将个人目标同团队目标结合起来，能理解团队的愿景并为之合作，为之努力。

配置团队成员时要注意互补的技能。没有最起码的必备技能，特别是技术性的技能和智能型的技能，团队将无法起步。然而我们要避免另一个极端：对技能的过分苛求。一个团队不可能从一开始就具备全部所需的技能，团队，尤其是创新型团队具有很强的学习能力，团队的目标会帮助团队成员迅速找出技能上的差距，每个团员对团队的责任感也会促进学习。

团队的成员来自不同的群体，他们的专业类别、生活习惯、工作方式与习惯都不尽相同。为了使他们的行为和意识都符合团队的评价标准和行为准则，就必须对团队成员进行定期或不定期的培训。首先要进行入门训练。入门训练应从以下几个方面着手：在气氛融洽的状况下为团队成员提供相互认识和交流的机会；在团队领导的参与下进行人员培训，为团队成员建立团队归属感；将团队目标的概念作为一项重要的培训内容传授给团队成员，并在团队成员的共同参与下制定团队目标；对成员进行技术技能、处理人际关系技能、解决实际问题技能的培训。就培训的方式来说，可分为在职培训和脱产培训。至于具体使用什么方法来培训团队成员，需要根据实际情况加以运用。

4. 建立团队价值观

团队价值观就是一种以团队为主体的价值观念，是团队人格化的产物。它是一个团队在追求成功的过程中所推崇的基本信念和奉行的标准，是对生产经营、目标追求以及自身行为的根本看法和评价。团队内部应该树立起协同合作、互相负责的价值观。尊重员工的自我价值，将团队价值与员工自我价值有机地统一起来，团队的凝聚力就会形成，团队的共同价值也就能通过个体的活动得以实现。另外，还应注重感情投资以增进员工的归属感和向心力。

一般而言，个人价值观是团队共同价值观的前提和基础，团队价值观是个人价值观的概括和升华，两者相互渗透，紧密而真切地融合在一起。在团队中，如果员工的价值观和团队的价值观相吻合，那么他们会对工作更尽职，对团队更忠诚，团队成员的归属感也会更强，工作绩效和满意度也会更高。这就意味着团队在招聘新员工时应该同时关注个体的价值观以及团队价值观。在团队管理中，也可以根据不同员工的价值类型进行相应的激励和引导，把员工安置在适合的工作岗位上，充分发挥他们的优势与长处。个体价值观和团队价值观之间的相互匹配与员工是否愿意为团队工作和他们对团队是否忠诚是紧密相关的。

[拓展阅读] 叛逆苹果"海盗"团队

随着麦金塔团队的不断扩大，它从德士古塔搬到了位于班德利大道（Bandley Drive）的苹果公司主办公区，并于1983年年中在班德利3号楼安顿下来。那里有一个可以玩电子游戏的现代化中庭大厅，游戏都是由伯勒尔·史密斯和安迪·赫茨菲尔德挑选出来的，还有一套东芝的CD音响系统，配有马丁·洛根（Martin Logan）扬声器和100张CD光盘。从大厅就能看到软件小组的员工，他们的办公区域被玻璃围住，看上去就像待在鱼缸里一样，厨房每天都备有Odwalla果汁。逐渐地，中庭里的玩物越来越多，最醒目的就是一架贝森朵夫钢琴和一辆宝马摩托车，乔布斯觉得这些东西可以让员工迷上简洁高雅的工艺。

乔布斯对（团队成员）招聘流程有着严格的控制，目的是招到具有创造力、绝顶聪明又略带叛逆的人才。软件小组会让应聘者玩史密斯最爱的电子游戏"守护者"（Defender），乔布斯会问一些他常问的古怪问题，以考验求职者在突发状况下的思维能力以及他们的幽默感和反抗精神。有一天，他和赫茨菲尔德、史密斯一起，面试一个应聘软件经理的人，这个人一走进来，身上的保守和刻板气质就显露无遗，很明显他无法管理鱼缸里的那群天才。乔布斯开始无情地捉弄他，"你是几岁失去童贞的？"乔布斯问。

应聘者听得一头雾水，"你说什么？"

"你是处男吗？"乔布斯问道。应聘者坐着，显得非常紧张不安。于是乔布斯换了个问题："你服用过多少次迷幻药？"赫茨菲尔德回忆说："那个可怜的家伙满脸通红，于是我试图转移话题，问了他一个很直白的技术问题。"但是，当应聘者开始唠唠叨叨地回答问题时，乔布斯打断了他。"咯咯，咯咯，咯咯，咯咯"，他发出这样的声音，让一旁的史密斯和赫茨菲尔德也都笑了起来。

"我想我不适合这份工作"，那个可怜的人说着就起身离开了。

乔布斯虽然有很多让人讨厌的行为，但他也能给自己的队伍注入团队精神。在把别人贬得一文不值之后，他又能找到办法激励他们，让他们觉得成为麦金塔项目的一员是一项美妙的任务。每半年，他都会带着团队的大部分人，去附近的一处度假胜地举行为期两天的集思会。

1982年9月的那次集思会是在蒙特雷附近的帕加罗沙丘（Pajaro Dunes）进行的。大约50名Mac团队的成员坐在小屋里，面朝着壁炉。乔布斯坐在他们前面的一张桌子上。他小声地说了一会儿话，然后走到一个黑板架旁边，开始贴上自己的想法。

第一条是"决不妥协"。这一条在日后的岁月里被证明是一把双刃剑，大多数的科技团队都会妥协。另一方面，Mac最终成为了乔布斯和他的队伍所能做出的"最完美得不可思议"的产品，但它还需要16个月才能上市，远远晚于计划时间。在提到一个计划中的完工日期时，他告诉他们："即便错过上市日期，也不能粗制滥造。"换作愿意做出妥协的项目经理的话，也许会敲定一个完工日期，之后不得再做出任何改动。但乔布斯不是这样的人，他的另一句名言就是："直到上市，产品才能算是完工。"

另一张纸上有一句公案一样的短语，他后来告诉我那是他最爱的一句格言。上面写的是："过程就是奖励。"他喜欢强调，Mac团队是一支有着崇高使命的特殊队伍。未来的某一天，他们会回顾这段共同度过的时光，对于那些痛苦的时刻，只不过是过眼云烟，或者付之一笑，他们会把这段时光看作人生中奇妙的巅峰时刻。

演讲的最后，他问道："你们想看点儿好东西吗？"然后他拿出了一个日记本大小的装置。他把装置翻开之后，大家发现那是一台可以放在膝盖上的电脑，键盘和屏幕接合在一起，就像笔记本一样。他说："这是我的梦想，希望我们能在20世纪80年代中后期造出这种电脑。"他们正在创建一家基业长青的公司，一家开创了未来的公司。

接下来的两天，各团队的负责人和颇具影响力的计算机行业分析师本·罗森都发表了演讲，晚上的时间就用来举行泳池派对和跳舞。到最后，乔布斯站在众人面前，发表了一番独白："随着时间的流逝，这里的50个人所做的工作将会对整个世界产生深远的影响。"他说道，"我知道我可能有一点难相处，但这是我一生中做过的最有趣的事情。"多年之后，当时观众中的大多数人想到乔布斯那句"有一点难相处"的场景时都还会笑起来，并且都同意他的说法：能深远地影响世界，是他们一生中最大的乐趣。

接下来的一次集思会是在1983年1月底，丽萨的发布也是在这个月，气氛也有了一些微妙的变化。4个月前，乔布斯在他的挂图中写下了"决不妥协"，这一次，他的格言变成了"真正的艺术家要让产品上市"。大家的神经开始紧张起来。阿特金森未能得到在丽萨发布时接受采访的机会，他冲进乔布斯的酒店房间，威胁要辞职。乔布斯努力安抚他，但他根本不吃这一套。乔布斯怒了，"我现在没时间处理这个！"他说，"我还有60个员工全身心投入在麦金塔项目上，他们在等着我去开会呢。"说完他就从阿特金森身旁走过，去给自己的忠实员工们作演讲了。

乔布斯发表了一通振奋人心的讲话，宣称他已经就使用"麦金塔"这个名字一事，和麦金托什音频实验室解决了纷争。（事实上，当时此事仍然在谈判之中，但那样的时刻需要乔布斯施展一点现实扭曲力场。）他拿出一瓶矿泉水，象征性地给台上的样机施了洗礼。阿特金森从老远的地方就听到了巨大的欢呼声，他叹了口气，也加入到了人群中。接下来的派对上，有泳池裸泳，有沙滩上的篝火，还有整晚播放的音乐，嘈杂的声音使得卡梅尔（Carmel）的海滩酒店要求他们再也不要光顾了。几个星期之后，乔布斯设法让阿特金森被评为了"苹果特别员工"，这意味着加薪、获得股票期权以及自己选择项目的权利。此外，公司还同意，当麦金塔启动阿特金森创作的画图程序时，屏幕上都会显示：" Mac Paint，作者比尔·阿特金森。

1月份集思会时，乔布斯的另一条著名言论是"当海盗，不要当海军。"他想给自己的团队灌输叛逆精神，让他们像侠盗一样行事：既为自己的工作感到自豪，又愿意去窃取别人。就像苏珊·卡雷说的："他的意思是，我们的团队里要有一种叛逆的感觉，我们能快速行动，做成事情。"为了庆祝乔布斯几周之后的生日，团队在通往苹果公司总部的马路边买下了一块广告牌，上面写着：

史蒂夫，28岁生日快乐。过程就是奖励。——海盗们贺

Mac团队最酷的程序员之一史蒂夫·卡普斯认为，需要为这种新的精神升起一面海盗旗。他拿了一块黑布，让卡雷在上面画上了骷髅头和交叉的腿骨。骷髅所戴的眼罩是一个苹果的标志。一个周日的深夜，卡普斯爬到了他们新建好的班德利3号楼的楼顶，在建筑工人留下的一个脚手架支柱上升起了那面海盗旗。这面旗帜高高飘扬了几个星期，后来丽萨团队的成员在一次深夜的突袭中偷走了它，并给Mac团队送去了一张索取赎金的通知。卡普斯为了把旗子抢回来，带人突入了丽萨团队，并成功地从一个负责看管海盗旗的秘书手中夺回了它。一些心态成熟的人担心乔布斯的海盗精神正在逐渐失控。"升海盗旗这件事真的非常愚蠢，"亚瑟·罗克说："它是在告诉公司的其他人他们不够出色。"但乔布斯喜欢这样，一直到Mac项目完成，他始终让那面海盗旗飘着。"我们很叛逆，我们想让大家知道这一点。"他回忆说。

Mac团队的资深成员意识到，他们可以勇敢地面对乔布斯。如果他们清楚自己在说什么的话，乔布斯就能容忍反对的声音，甚至微笑面对、表达赞赏之情。到1983年，那些最熟悉他现实扭曲力场的人有了进一步的发现：如果必要的话，他们可以不动声色地忽略他的命令。如果事实证明他们是正确的，乔布斯就会欣赏他们的叛逆态度和敢于无视权威的意愿。毕竟，他自己就是这么做的。

（节选自［美］沃尔特·艾萨克森：《史蒂夫·乔布斯传》，管延圻等译，中信出版社2011年版）

5. 团队领导者的定位

优秀的团队领导会使团队保持高度一致。创新型团队中强调领导的影响力，淡化其职务权力。团队领导者着眼于团队成员的凝聚力和协同力，他致力于在团队中创造出发挥协同力的环境，做一个能够支持团队成员的中间人，而不是业务领导者。

创新型团队领导应属于变革型领导。变革型领导可以使下属产生更高的努力水平和绩效水平，除了引导下属完成各项工作外，还常以自己的个人魅力，关心下属的兴趣和发展，对

下属产生超乎寻常的深远影响。

变革型领导行为包括三大要素，即魅力、智力激发和个人化的关怀。

（1）魅力。成功的领导者要能够使下属产生信心，相信追随这个领导者能够实现组织的目标和自己的利益。通常领导者通过提供具有吸引力的愿景和使命感，激发员工的自豪感，并具有坚定的意志力，从而获得员工的尊重和信任。变革型领导的这一维度与魅力型领导是一致的，用象征性的东西增强员工的凝聚力，以简练的方式表达重要的目的等。

（2）智力激发。智力激发是指领导者应当打破下属头脑中的既有观念和方法，使观念和习惯与组织的核心价值观一致，同时，促进下属富于创造性地解决问题，采用新的解决方法，或者开拓新领域等，使他们从一种新视角去重新审视老问题。

（3）个人化的关怀。个人化的关怀是指变革型领导者要关心下属的个人需要以及他们的成长和发展，针对每一个人的具体情况给予培训、指导和建议。变革型领导者具有很强的创造力，同时，也善于鼓励下属不断创新，提高创造。变革型领导者富有远见、目标高远，他们重视这个目标，并朝着这个共同的目标努力，这样，可以让下属信任、追随。

6. 建立健全有效管理制度和激励机制

健全的管理制度、良好的激励机制是团队精神形成与维系的内在动力。同时，团队价值观的培育，也须有一套规范化的管理制度和有效的员工激励机制。要想更好地激励团队，应注意以下三点：

（1）识别团队成员的需要。观察是一种能够提供给团队领导者的最直接、最有效的识别需求的方法。团队成员的一些积极的迹象，如干净而整洁的外表、令人愉快的表情、善意的眼神等；消极的迹象，如不愿进行交流、令人厌倦的语调、拙劣的守时记录及防御性的身体语言等，这些信息都可以让团队领导者知道其团队成员是否需要激励。作为经理，有必要和团队中的每一位成员进行谈话以确定他们的特殊需求，甚至包括那些已被很好激励的人员，然后综合所有的信息加以识别，在识别的基础上使用合适的激励手段对团队成员加以激励。

（2）满足需求。团队成员个人情况相差很大，每个人可能有不同的需求。团队需求是团队个体需求的总提炼，只有将团队需求分解成不同的需求，来加以激励，才能直接作用于团队。赋予团队成员一定的职责，让团队成员承担起一份责任或任务，让他们拥有完全的控制与权威，从而调动他们工作的主动性与积极性，使每位团队成员都确信，除了他们自身的创造力和主动性以及个人价值标准的限制外，再没有任何阻力能妨碍他们为团队奋斗的决心。另外，尊重每个团队成员的工作以及他们的人格，鼓励并聆听团队成员的思想和建议，让团队成员参与决策的制定，这些人格上的平等与尊重会增强团队成员的荣誉感，从而激发团队的战斗力与凝聚力。最后，应当给予团队成员工作成绩上的充分认可，这是最重要的一种激励手段。事实证明精神上的激励往往胜过金钱的作用。

（3）提供激励。①激励团队成员应认清个体差异。每一个成员都是一个不同于他人的独特个体，他们的个性、品质、文化层次、人生阅历、个人需求及其他重要的个体变量各不相同。团队领导应从团队成员的个体特性出发，满足其不同于他人的独特需求，从而激发他的工作热情与个人创造力。②激励团队成员应使团队成员的个人能力与特性和他的职务所匹配。大量的研究表明，将个体与职务进行合理匹配能够很好地激发团队成员的工作积极性。③运用目标管理法。管理者应给每一个团队成员制定有一定难度的具体工作奋斗目标，并对他们工作完成的程度进行反馈，但必须确保团队成员认为该目标是可以实现的，否则会降低他们的努力程度。④激励团队成员不能忽略金钱的作用。就目前来讲，金钱仍是大多数人从事工作的主要原因，因而它对于团队成员的激励作用不可忽略。

（五）团队建设的手段和技巧

1. 团队建设活动

团队建设活动包括为了提高团队绩效而专门采取的管理活动和个别措施。如为平息和处理人际冲突制定基本规则等，其间接结果都可以提高团队绩效。团队建设可以有多种形式，如定期总结会议中一个五分钟的议事日程，或者为了增进关键性的项目关系人之间的人际关系而设计的专门增进关系的活动。

2. 一般管理技巧

一般管理技巧对团队建设有着特殊的重要性。

3. 奖励和表彰体系

奖励和表彰体系是为了鼓励和促进符合项目需要的行为的一般管理活动。为了达到效果，这种体系要在绩效和奖励之间建立一种清晰、明确和易于接受的联系。不同的项目要有自己不同的奖励和表彰体系，同时，奖励和表彰体系还要考虑到文化差异。

4. 人员集中

即在大型或者小型的项目中，将大多数积极工作的项目小组中的所有（或几乎所有）成员安排在同一个工作场所，以提高他们作为一个团队来执行项目的能力。有的项目可能不适合人员集中，此时可以安排频繁的面对面会议形式作为替代，鼓励相互之间的交流。

5. 人员培训

项目组织开发的首要任务就是团队成员的培训。它是人力资源开发的基础性工作之一，是给团队的成员传授完成工作和任务所必需的基本技能与素质的过程。人员培训可以提高团队的综合素质，提高团队的工作技能和绩效，同时还可以提高团队成员的工作满意度。

6. 团队精神的培养

团队文化是指团队在发展过程中形成的，为团队成员所共有的思想作风、价值观念和行为规范，是一种具有团队个性的信念和行为方式。团队文化能对整个项目组织和每个成员的价值取向及行为起引导作用，使之符合组织的发展需要。当一种价值观被团队成员共同认可之后，就会成为一种粘合剂，从而产生一种巨大的向心力和凝聚力。团队文化还可以使团队成员从内心产生一种高昂情绪和奋发进取的精神，激励每个团队成员自觉产生为团队效劳的献身精神。同时，团队文化对每个团队成员的思想、心理和行为具有约束和规范作用，能形成强大的使个体产生从众行为的心理压力和动力，促使个体对自己的行为进行自我控制。团队文化一旦形成比较固定的模式，就会在团队内发挥作用，激发团队成员的责任感和归属感，而且会通过各种渠道对社会产生影响，塑造团队的形象。团队文化主要包括团队价值观、团队精神、团队道德、团队目标和团队文化礼仪。

（六）培养团队精神的方法

1. 提高团队凝聚力

团队凝聚力是团队对其成员的吸引力和成员之间的相互吸引力，包括向心力和内部团结两层含义。当这种吸引力达到一定程度，而且团队成员对个人和对团队都具有一定价值时，就可以说这是一个具有高凝聚力的团队。高凝聚力团队的特征是：团队成员归属感强，愿意参加团队活动，承担团队工作中的相关责任，维护团队利益和荣誉，成员之间信息沟通快，互相了解比较深刻，关系和谐，具有民主气氛。团队凝聚力是维持团队存在的必要条件。增强团队凝聚力的关键是要鼓励有利于团结的团队行为，抑制不利于团结的团队行为。团队行为的根本原则是鼓励所有的成员都开诚布公地表达自己的想法，鼓励所有的成员都充分发挥创新和冒险精神，勇于提出问题。

2. 鼓励团队成员全身心地投入到团队的工作中去

只有团队成员贡献自己的智慧和力量，全身心地投入到团队工作中去，并秉承对团队的承诺，才能使团队运作成功。要让团队成员愿意贡献自己的专业技术和能力，愿意去了解顾客的需求，并对顾客负责，承诺整个团队运作的持续性，改善学习过程，并且有高品质结果的产出。因此，必须使团队成员愿意担负起相应的责任，共同完成团队的目标；使团队成员始终保持活力与热情，才能使团队成员相处愉快，并享受成为团队中一员的乐趣；鼓励团队成员不断追求完善与进步，在团队工作中实现自我成长，全身心地投入高品质结果的学习过程。

3. 在团队中培养民主气氛

一个民主的团队意味着团队具有开放、坦诚的沟通氛围。团队成员感到可以充分沟通意见，能经常从团队中得到反馈，愿意倾听和接纳其他团队成员的意见，尤其要能够接受来自团队外的批评，愿意倾听顾客的意见。民主气氛可以通过多种途径培养。例如，使所有团队成员都能获得充分的信息，对一切均有所了解；所有团队成员有同等发言权；只要有可能，所有团队成员共同决策；在团队内部形成尊重他人观点的风尚；认可团队内部不同的动机、价值观和意见等。通过培养民主气氛，可以使团队成员之间的关系更加融洽，从而更好地开展团队工作。

4. 帮助团队成员事业发展

事业发展是指个人为达到事业目标做出相应的决策和付诸实践的过程。事业规划是指个人对职业、组织和发展前途的选择。事业发展与规划是一个不断寻求工作与生活质量满意的动态平衡过程。对团队领导来说，要想办法帮助团队成员规划和发展他们的事业，并帮助他们取得成功。要帮助团队成员事业发展，项目经理应该帮助团队成员找到自己的恰当位置，扮演好自己的角色；努力创造平等参与的机会，使团队成员能充分发挥个人才能；鼓励团队成员不断上进、不断充实和提高自己；让团队成员知道自己哪里表现良好，哪里表现不够，并协助他们从错误中学习和成长。

第五节　创新团队建设中需注意的问题

一、人数不宜过多

在复杂的关系中创造出一个人人协同的和睦氛围，并且减少浪费，提高效率，困难度极大。大规模团队可能会失去建立团队所必需的观点上的交锋。真正被团队目标吸引而来的团队才是高效的团队。

如果不能首先建立起"团队的人数是有限的，并且是少数的"这种想法，管理者在推行团队时就容易犯这样一个错误，即把整个企业组织都当作一个庞大的团队来看待，并且认为这样就能把全体员工的技能、创造性和领导才能都利用起来。这种愿望当然是非常好的，但事实上却不过是一厢情愿罢了。团队当然是建立在协同工作之上的，可是一个建立在协同工作上的大组并不是团队。即使是人数不多的分组，只靠协同工作的价值观也是不能成为团队的。

作为高绩效的工作团队，其规模一般都比较小。如果团队成员有十多个人甚至更多的话，他们就很难顺利地沟通和开展工作。而且，如果团队成员太多，大家相互之间缺乏了解和理解，也难以形成凝聚力和相互信任感。有学者指出，富有成效的团队，其成员人数控制在 12 人以内为宜。如果一个单位人数众多，而管理者又希望采取团队模式，可以采取把一个工作群体分化成几个工作团队的做法。

团队规模还受许多其他因素的影响。研究表明：当期待团队采取行动时，团队规模不宜过大；当团队的任务是作出高质量的复杂决策时，最好由 7~12 人组成；当团队的主要任务是解决矛盾和冲突并取得协议时，最好由 3~5 人组成；当团队既要取得协议，又要作出高质量决策时，最好由 5~7 人组成；当团队要迅速作出决定并采取行动时，团队成员人数最好是奇数而不是偶数。

二、目标的挑战

最佳团队都要花大量的时间努力探索和形成一个一致目的，取得一个一致的意见。这个目的既属于这个集体，也属于每个人。事实上，真正的团队从未停止过这种"形成目的"的活动，因为这对澄清团队成员的模糊认识有好处。由于有了足够的时间和认真的关注，人们会产生出一个或多个广泛而有意义的想法，这些想法又推动着团队的前进，并给了他们更加努力工作的理由。

当有了形成团队目标的大量讨论时，这个目标本身就传达了一系列意义，为团队必须要做的事，特别是为实现其具体目标提供了指导。很多情况都能反映客户的需要、竞争者的能力、政府或其他方面的要求以及外部和内部的限制条件。因此，当出现挑战时，团队成员就能作出反应，相信可以得到队友的信任和支持——只要他们采取的行动从团队的目标来看是合理的。

三、互补的技能

团队必须要培养起正确的技能组合，也就是说，每一种技能都是完成团队目标所必需的能互补余缺的技能。这些技能可能包括技术性的能力，也可能是决策的能力或者是人际关系上的优势。常识告诉我们，在选定一支团队时忽略这些技能绝对是个错误。没有一些最起码的必备技能，特别是技术性的技能和职能性的技能，团队将无法起步。而且，如果不培养起团队所需要的各层次的技能，团队也不能达到其目的。

许多领导者在选定团队时出现的一个共同错误，就是对技能的过分苛求。大量有关团队的文章都在强调，选择团队的时候必须把技能的组合作为前提条件，几乎就像是配菜单。然而，从可能性上来说，我们根本没法碰到一个团队是从一开始就具备了全部所需技能的。而且我们发现，和生命体组织具有学习、进化的能力一样，团队也有作为个人学习和发展的能力。

事实上，团队的目标帮助团队成员迅速找出技能上的差距；团队中同甘共苦的共识激发了有益的决不能失败的念头；每个团队成员对团队的个人责任感也促进了学习。一旦受到共同目标的制约，天生的个人主义就成为团队中学习的动力。除了学习某些技术性的和职能性的技能外，大都还要学习团队所需要的其他技能。此外，只要某种技能还有潜力，团队就有能力使它发挥出来。

四、寻找共同的方法

无论是在经济上、管理上还是交往上，共同的方法都是必需的。同互补的技能一样，共同的方法是为了满足目标的需要而逐渐发展出来的，不可能在团队建设初期就配齐全部"合适的方法"。寻找共同方法的过程也是交流的过程，协同的过程，是团队建设中必不可少的。

在拥有了充分的互补技能之后，团队也要形成共同的方法。那就是，成员们该如何一起工作才能达到他们的目的。实际上，他们往往要投入和他们形成目的时一样多的时间和努力，来磨合他们的工作方法。无论是在经济上、管理上还是交往上，共同的方法都是必需的。为了面对业绩上的挑战，团队成员都做着"同等"数量的实际工作，而不只是发议论、做审查和发号施令。团队成员们必须在"谁做哪项工作""时间表该如何安排、如何做到""需要发展哪些技能""怎样引起组织的关注""决定如何修正"以及"团队的方法在什么时候修正才能完成工作"等等一系列问题上达成一致意见。

五、互相负责

没有哪个群体是在自己负起责任之前就能成为团队的。通过保证要为团队目标负起自己的责任，每个团队成员都得到了对团队各个方面表达自己意见的权利，也得到了使自己的观点得到公平对待和有益倾听的权利。通过遵循这种承诺，成员之间才能保持和拓展信任，并让这成为团队发展的基础。如果没有信任，行动和冲突都不可能存在。如果团队成员总是想要在同伴面前保护自己，他们就不可能彼此争论。这又会造成其他问题，如不愿意对彼此负责。一个没有责任感的团队往往对领导的指令、组织的制度采取漠然和藐视，甚至阳奉阴违，用自己的一套办法解决问题。

第六节 创新创业团队管理的技巧与成功的条件

一、创新创业团队管理的技巧

（一）目标明确，永不言败

一个团队的奋斗目标是团队建设的旗帜，是团队建设的共同愿景，是团队未来发展的前进明灯。因此，目标必须明确，同时该目标必须具有战略性、前瞻性、唯一性、可操作性、相对稳定性，不因为干扰因素而有所变更。一旦目标确立，团队的所有行为必须围绕目标实现进行有效运作，为目标的实现服务，严禁在目标实现过程中出现"杂音"。团队中的所有战术行动必须统一于团队的战略目标，必须根据外部环境的不断变化及时调整行动，确保目标的顺利实现。目标既是一个战略的问题，又是共同愿景的问题，同时还是一个逆境情商的问题。俗话说：磨难是一种财富。经历了磨难并且能够继续前进的团队才有可能成为成功的团队。

（二）以心换心，默契为本

从团队发展历程的角度而言，团队建设必须经历磨合、相容两个阶段，最后达到一种默契的境界。美国著名企业家美琳凯的"黄金法则"第一条说：你希望别人如何对待你，你就如何对待别人。这实际反映了一种对等相待的现代管理思想，阐述了成功管理模式的基础条件——真诚管理、以心换心。团队好似一台精密机器，各个零件（即团队成员）各司其职，零件之间的公差匹配差必然导致机器磨损加剧，机器提前"退休"。因此，一个团队的默契程度往往决定团队的整体绩效，一个优秀的团队在默契方面的成功往往是失败团队的学习榜样，同时，授权不充分、内部不团结等现象很大程度上是由于团队成员之间的默契不足，或者根本就是南辕北辙。

（三）海纳百川，系统整合

古罗马统帅恺撒相信，任何一个先进的社会都有三个特征：其一是有很多人构成，其二是不同的人有不同的才华，其三是人尽其才。这既是一种海纳百川、多元化发展的思路，同时又是一种包容的观点，更是一种"瑕不掩瑜、人尽其才"系统整合的策略，借此挖掘团队的最大潜能，并努力做到人的边际使用价值最大化。一个优秀的团队必然是一个多元文化共同发展的团队、一个集思广益的团队、一个善于整合所有资源并谋求效益最大化的团队。

（四）有效沟通，前瞻结合反思

沟通是指把信息、观念和想法传递给别人的过程，是一种理解的交换过程。沟通是管理中各个环节的基础，它将组织的各个职能融为一体，同时将组织与包含有众多利益相关方的外部环境联系起来，沟通在文化和组织行为管理中处于中心地位。博弈论里的囚徒困境理论告诉我们，只有进行有效沟通，善于从对方的角度考虑问题，精诚合作，才能实现双赢。组织内部的沟通按照沟通双方地位的不同分为上行沟通、下行沟通和平行沟通，三种沟通中任何一种沟通不畅都将导致团队建设的挫折。专断独行、家长做派等词语从反面告诉我们有效沟通的必要性。另外，作为沟通的有益补充，反思对于一个团队具有一种有益的战略完善作用。作为学习的一种特殊形式，反思将学习变为一种有意识的过程，将其过程深入到事情的核心和本质，不断弥补各种社会行为方式的缺陷，既是社会个体不断成熟的标志，也是人类不断完善自我思想行为的一个过程。

（五）认真倾听，善于解决冲突

人的不同属性决定了冲突的必然性。每个人的不同性格、经历、阅历、修养以及看待问题的角度不同等因素可能会引发冲突，同时，控制不善可能会使冲突演变为一场灾难。因此，如何解决冲突成为工作中的一个关键问题。解决冲突要做到：

对事不对人。冲突是因为团队成员为了解决问题，对事件具有不同认识而产生的，如果将个人感情引入冲突解决机制，必然导致冲突复杂化，因此必须将范围限定在冲突的事件本身。

公心为重，目标明确。现实工作中不同的价值观、指导方针将导致冲突，但是鉴于团队的战略利益一致性，只要坚持公心为重，本着"两权相益取其重，两权相害取其轻"的原则，相信可以找到解决冲突的最佳均衡点。

心态平和，善于听取不同意见。善于从不同的意见中萃取精华，使自己的见解更加完善，更富有系统性。冲突的解决实际是一种逆向思维、倾听不同意见、妥协的运用，因此，冲突的解决方案运用过程应该具有积极性、非个人化、有实质意义、合作性质等特征。

遏制冲突事态扩大化。团队内部任何冲突事件的扩大化都没有受益方，都将导致一种潜在的灾难，都会极大地损害系统的凝聚力，削弱团队的整体实力。因此，一个成熟的团队应该善于把握、控制冲突的进程，严格控制任何冲突扩大化的苗头，力求通过对话求同存异达成共识。

二、创新创业团队成功的条件

（一）成员

拥有良好社交技能和任务管理技能的团队成员至关重要。要想有效地运作一个团队需要有三种不同技能类型的成员：其一，具有技术专长的成员；其二，具有解决问题和决策技能的成员，这些成员能够发现问题，提出解决问题的建议，并权衡这些建议作出有效的选择；其三，若干善于倾听、反馈、解决冲突及拥有处理人际关系技能的成员。对具备不同技能的人进行合理搭配非常重要，如果一个团队不能具备全部的以上三类成员，就不可能充分发挥团队的绩效潜能。

对于创新型团队来讲，吸收具有创新型思维的经验丰富的高技能人才是团队成功的关键。团队成员必须具有开创精神、创新精神，能运用自己的专业知识提出创新性的解决方案。

（二）结构

在团队目标明确之后，就必须考虑进行有效的组织设计，以形成合理的组织结构，来保证团队目标的实现。所谓组织结构，是指团队的基本架构，是对完成团队目标的人员、工作、技术和信息所做的制度性安排。科学合理的组织结构是组织成员为完成工作任务、实现组织目标，在职责、职权等方面的分工、协作体系；是确保管理效率的基础；是组织实现短期经营目标和长期战略目标的制度平台。

适合创新型团队的结构是协调性组织结构，它具有以下特点：统一指挥、跨职能工作、无资源冲突、创新高效且长期存在。

（三）信任

创造良好的团队氛围，首先应该提倡的是成员之间的相互信任，只有相互信任，才能关心共同的利益与目标。还应该促进团队成员的沟通与合作，鼓励团队成员参与团队活动，特别是一些重要的决策。

(四) 沟通

合适的组织信息和沟通系统不可或缺。创新型团队中进行的项目应保持透明度和准确的信息。有效的团队沟通可以保障信息的充分交流共享，可以保障不同意见的真实表达，还可以促进团队成员之间的感情交流与思想碰撞，这些都最终促进团队绩效的产生。

当团队面对新技术或发生其他显著变化的转换时，直言不讳、畅所欲言有助于成员建立信心与承诺，并激发出创意、建议和革新的理念，从而改善团队的绩效。可以说，直言不讳、畅所欲言是团队沟通的精髓所在。创新型团队的沟通很好地运用了法约尔桥的沟通方式，开启了跨职能沟通的有效通道，这是创新型团队高效协同的重要一步。

(五) 团队精神

要将团队精神与企业文化、企业目标相融合，只有这样，团队的行动才能与整个企业组织整体相协同。企业文化是团队的灵魂。在优秀的企业中，文化的建设一定占有重要的位置，并最终融入到团队的思想和行为中。团队精神就是公司上下精诚团结、目标一致、协同共进。团队精神对任何一个组织来讲都是不可缺少的精髓，否则就如同一盘散沙。一根筷子容易弯，十根筷子折不断，这就是团队精神重要性力量的直观表现，也是团队精神重要之所在。

第四章

创新创业机会的识别与评估

第一节 机会识别与风险防范

机会和风险始终伴随在一起，因为有价值的创业机会都蕴藏着许多不确定性。机会来源于未明确的市场需求或未充分使用的资源或能力。我们现在常用机会窗口来描述创新创业过程中特定的时间期限。狄更斯说，机会不会上门来找人，只有人去找机会。创业者需要结合对机会风险的估计，努力防范和降低风险。在把握有价值的创业机会时，应当尽可能识别创业机会中可能蕴含的风险，科学评估风险的种类及其影响，制定规范的风险应对及管理策略，持续将创业机会的价值最大化。

一、机会的来源

寻找创新创业机会的一个重要途径是善于去发现和体会自己和他人在需求方面的问题或生活中的难处。创造发明提供了新产品、新服务，更好地满足顾客需求，同时也带来了创新创业的商业机会。即使创业者不发明新的东西，也有可能成为销售和推广新产品的人，从而给创业者带来商机。美国管理学家德鲁克就曾说过：创新不一定是技术上的，甚至可以不是一个实实在在的东西。其道理很深刻，即企业创新并不仅仅表现为技术、工艺等物质方面，还可以表现在诸如经营观念、营销手段、服务质量、管理模式等许多方面。

创新创业者必须关注机会的来源，积极主动不断努力探索创造机会的路径，才有可能获得创业的商机。创新创业的机会常常源于不断变化的外部环境。对于创业者来说，市场环境变化了，市场需求和市场结构必然发生变化。这些变化主要来自于产业结构的变动、消费结构升级、城市化加速、人口思想观念的变化、政府政策的变化、人口结构的变化、居民收入水平提高、全球化趋势等方面。

由于社会生产力的不断发展，社会分工越来越细化，每个创业者应当将自己定位在行业生产链的某个环节上，在这个产业链拥有核心技术的创业者往往只是极少数的，而对于处在这条链上的绝大多数创业者来说，必须认识到客户真正需要的并不完全关注技术本身，而更为关注的是所提供的解决方案是否对自己适当有效。因此，初创企业拥有核心技术的知识产权无疑很重要，但从一定意义上讲，更为重要的是如何能够以最有效的方式利用和应用这种核心技术成为最适合自己产品和服务市场定位的技术。

当一个创业者不具备核心技术，或者很难在核心技术上有效实施自主知识产权创新的情况下，其商业机会的定位应当是适应性创新，要争取在所处行业核心技术的下游或者产业链中的非核心技术领域实施创新。应当以市场为导向，大力进行非核心技术的创新，包括产品的规格、品种、功能、款式等个性化设计及新品的开发创新。

变化是创业机会的重要来源，没有变化，就没有创业机会。美国凯斯西储大学谢恩教授提出了产生创业机会的四种变革，分别是技术变革、政治和制度变革、社会和人口结构变革以及产业结构变革。

技术变革可以使人们去做以前不可能做到的事情，或者更有效地去做以前只能用不太有效的方法去做的事情。新技术的出现也改变了企业之间竞争的模式，使得创办新企业的机会大大增加。政治和制度变革，革除过去的禁区和障碍，或者将价值从经济因素的部分转移到另一部分，或者创造出更大价值。社会和人口变革通过改变人们的偏好和创造以前并不存在的需求来创造机会。产业结构变革是因其他企业或者为主体顾客提供产品或服务的企业的消亡，进而改变行业中的竞争状态。

创业机会都伴随着风险。因为有风险才会有收益。创业者需要进行机会的风险收益分析来得出"这是不是一个适合自身团队创业机会"的判断，以判断"固然是适合自己的创业机会，但该机会是否值得自己冒险而为"的问题。当机会的风险比收益大到创业者觉得"满意"的程度，创业者才值得放心地冒险启动创业。否则，就需要创业者继续寻找发现更具价值和更适合自身的创业机会。

二、风险的管理

风险的基本含义是损失的不确定性。发生损失的可能性越大，风险越大。我们可以用不同结果出现的概率来描述风险，结果可能是好的，也可能是坏的，坏结果出现的概率越大，风险就越大。当创业机会面临某种损失的可能性时，这种可能性及引起损失的状态便被称为机会风险。

（一）机会风险的分类

按风险来源的主客观性划分，机会风险可分为主观风险和客观风险。主观创业风险，是指在创业阶段，由于创业者的身体与心理素质等主观方面的因素导致创业失败的可能性；客观创业风险，是指在创业阶段，由于客观因素导致创业失败的可能性，如市场的变动、政策的变化、竞争对手的出现、创业资金缺乏等。

按风险影响程度的范围，机会风险可分为系统风险与非系统风险。系统风险是源于创业者或创业企业之外的，由创业环境变化带来的风险，如商品市场风险、资本市场风险等，创业者或创业企业无法对其进行控制或施加影响。非系统风险是源于创业者或创业企业本身的商业活动和财务活动方面引发的风险，如团队风险、技术风险和财务风险等，可以通过一定的手段进行预防和分散。

按照风险的可控程度，机会风险分为可控风险和不可控风险。可控风险是一定程度上可以控制成部分控制的风险，如财务风险和团队风险等。不可控风险如上述的系统风险等，是创业者或创业企业无法左右或控制的风险。

按照创业风险内容的表现形式，可将机会风险分为选择风险、环境风险、人力资源风险、技术风险、市场风险、管理风险和财务风险等。机会选择风险是指创业者由于选择创业而放弃自己原先所从事的职业，所丧失的潜在晋升或发展机会的风险。

环境风险是指由于创业活动所处的社会、政治、经济、法律环境等变化或由于意外灾害导致创业者或企业蒙受损失的可能性。如国际关系变化或有关国家政权更迭、政策改变，宏观经济环境发生大幅度波动或调整，法律法规的修改，或者创业相关事项得不到政府许可，合作者违反契约等给创业活动带来的风险。

人力资源风险是指由于人的因素对创业活动的开展产生不良影响或偏离经营目标的潜在可能性。创业者自身的素质和能力有限，创业团队成员的知识和技能水平不匹配，管理过程中用人不当，关键员工离职等因素是人力资源风险的主要诱因。

技术风险是指由于技术方面的因素及其变化的不确定性而导致创业失败的可能性，技术成功的不确定性，技术前景、技术寿命的不确定性，技术效果的不确定性，技术成果转化的不确定性等，都会导致技术风险。

市场风险是指由于市场情况的不确定性导致创业者或初创企业损失的可能性。市场风险包括产品市场风险和资本市场风险。市场供给和需求的变化，市场价格的变化，市场战略失误等原因会给创业活动带来一定的市场风险。

管理风险是指管理运作过程中因信息不对称、管理不善、判断失误等影响管理的水平形成的风险。管理风险可能由管理者素质低下、缺乏诚信，权力分配不合理，不规范的管理或决策失误等引起的风险。

财务风险是指创业者或创业企业在理财活动中存在的风险。对创业所需资金估计不足、难以及时筹措创业资金、创业企业财务结构不合理、融资不当、现金流管理不力等可能会使创业企业丧失偿债能力，导致预期收益下降，形成一定的财务风险。

(二) 机会风险的管理

机会风险管理的基本程序一般包括风险识别、风险评估和风险应对三个阶段。

(1) 风险识别是创业者对创业过程中可能发生的风险进行感知和预测的过程。首先，风险识别应根据风险分类，全面观察创业过程，从风险产生的原因入手，将引起风险的因素分解成简单的、容易识别的基本单元，找出影响预期目标实现的各种风险。创业者可以采用绘制创业流程图、制作风险清单、建立风险档案、市场需求调查等分析方法进行风险识别。

(2) 风险评估包括风险估计和风险评价。风险估计是通过对所有不确定性和风险要素的科学系统考虑，确定创业过程中各种风险发生的可能性以及发生之后的损失程度。风险估计主要是对风险事件发生的可能性大小、可能的结果范围和危害程度、预期发生的时间、风险因素所产生的风险事件的发生概率四个方面进行估计。创业者在进行风险估计时应充分考虑风险因素及其影响，对潜在损失和最大损失做出估计。风险评价是针对风险估计的结果，应用各种风险评价技术来判定风险影响大小、危害程度高低的过程。风险评价可以采用定量的方法，如敏感性分析和决策性分析，也可以采用定性分析的方法，如专家调查法、层次分析法等。创业者应针对不同的风险选用不同的方法进行评价，并客观对待评价的结果，做好风险预警工作。

（3）风险应对是创业者在风险评估的基础上，选择最佳的风险管理技术，采取及时有效的方法进行防范和控制，用最经济合理的方法来综合处理风险，以实现最大安全保障的一种科学管理方法。常用的风险应对方法有风险避免、风险自留、风险预防、风险抑制和风险转嫁。

①风险避免是指设法回避损失发生的可能性，从根本上消除特定的风险单位或放弃某些既有的风险单位。这种方法是一种消极的风险管理方法，通常当某种特定风险所致损失的频率或者损失的幅度相当高时，或者采用其他方法管理风险不符合成本效益原则时才会采用。风险自留是创业者自我承担风险损失的一种方法。

②风险预防是指在风险损失发生前为消除或减少可能引发损失的各种费用，风险预防通常在损失的频率高且损失的幅度低时使用。

③风险抑制是指在损失发生时或在损失发生后为缩小损失幅度而采取的措施。损失抑制常常在损失幅度高且风险又无法避免或转嫁的情况下采用。

④风险转嫁是指创业者为避免承担风险损失，有意识地将损失或与损失有关的后果转嫁给他人去承担的一种风险管理方法。具体来说，创业者可采用保险转售转嫁和合同转嫁等方式。

第二节 机会的外部环境分析

创业者和初创企业要分别从宏观和行业环境分析认识商业机会，采取适合自身的商业模式整合外部资源来适应外部环境。对于不同类型的初创企业根据外部环境应当采用灵活的市场定位整合产业资源，同时初创企业还要根据企业所处的不同阶段而选择不同的发展战略。

一、宏观环境的机会分析

宏观环境是指影响一切行业和企业的各种宏观因素。不同行业和企业根据自身特点和经营需要，分析宏观环境因素会有一些差异，分析的具体内容也不尽相同，但一般都采用PEST（Political）、经济（Economic）、社会（Social）和技术（Technological）的分析方法来进行外部环境因素分析。分析创业机会的宏观环境对创业者和初创企业的间接影响是巨大的，为了更好地适应外部环境和把握机遇，创业者必须了解和熟悉初创企业无法控制的宏观环境因素。

(一) 政治环境因素分析

政治环境因素是指对企业经营活动具有现实的和潜在作用与影响的政治力量、政治制度体制、方针政策，同时也包括对企业经营活动加以规范和要求的法律和法规等。政治环境因素主要是对政策持续性分析。有时候国家颁布的政策可能只是一时的调控政策，创业者必须理解政策的时效性。金融政策反映国家和政府的支持方向，政府对金融的调控也可以看做未来经济发展的信号。

创业者还需研究政府的税收财政政策，研究税收方向，确定国家政策支持力度。通过了解一些常用法律及政策，规范企业的投资、经营和管理行为，对于众多的法律及政策法规，创业者没有必要一一熟悉，但了解与创业相关的法律与政策法规却是非常必要的。对于技术创新政策的了解可以为创业者提供很多机会，同时可以少走很多弯路。

(二) 经济环境因素分析

经济环境因素是指一个国家或地区的经济制度、经济结构、物质状况、经济发展水平、消费结构与消费水平，以及未来的发展趋势等状况。现代的经济环境正在发生巨大的变化，每一个创业者都应充分掌握这一变化。经济环境因素的分析包括对社会经济结构的了解。社会经济结构是指国民经济中不同的经济成分、不同的产业部门以及社会再生产各个方面在组成国民经济整体时相互的适应性、量的比例及排列关联的状况。社会经济结构主要包括产业结构、分配结构、交换结构、消费结构、技术结构，其中最重要的是产业结构。

创业者必须关注经济发展水平，它是一个国家经济发展的规模、速度和所达到的标准，反映一个国家的经济发展水平的通用指标有国民生产总值、国民收入、人均国民收入、经济发展速度、经济增长速度。对经济周期的分析有助于创业者更好分析自己所处的宏观环境，做出正确决策。创业者还需了解社会经济体制，经济体制规定了国家与企业、企业与企业、企业与各经济部门的关系，并通过一定的管理手段与方法，调控或影响社会经济流动的范围、内容和方式。

(三) 社会环境因素分析

社会文化环境包括一个国家和地区的社会性质、人们共享的价值观、文化传统、生活方式、人口状况、教育程度、风俗习惯、宗教信仰等，这些因素是人类在长期的生活和成长过程中逐渐形成的，人们总是不自觉地接受这些准则作为指南。了解当地人口数量、人口密度、年龄结构的分布及其增长、地区分布、民族构成、教育程度、职业构成、宗教信仰构成、家庭规模的构成及收入水平发展趋势等对创业者有非常大的帮助。

创业者必须关注社会文化传统和公众的价值观念。文化传统是一个国家或地区在较长历史时期内所形成的一种社会习惯，主要分析社会行业准则、社会习俗、社会道德观念等文化因素。了解公众的价值观念可以帮助创业者有效分析人们对于生活方式、工作道德、性别角色、公正公平、教育退休等方面的态度和意见，这些都是影响创业者和初创企业经营决策活动的重要因素。

（四）技术环境因素分析

创新创业活动的进行在很大程度上受到科学技术方面因素的影响。科学技术是最引人注目的一个因素，新技术革命的兴起影响着社会经济的各个方面，人类社会的每一次重大进步都离不开重大的科技革命。对于初创企业的科技环境因素分析，大体包括社会科技水平、社会科技力量、国家科技体制、国家科技政策和科技立法等。

社会科技水平包括科技研究的领域、科技研究门类分布及先进程度和科技成果的推广与应用。社会科技力量指一个国家或地区的科技研究与开发的实力。科技体制指一个国家社会科技系统的结构、运行方式及其与国民经济其他部门的关系状态的总称。国家的科技政策与科技立法指的是国家凭借行政权力与立法权力对科技事业管理、指导职能的途径。创业者应当重视科学技术迅猛发展对初创企业带来的深远影响。

二、行业环境的机会分析

初创企业的行业环境是指提供同一类产品（或服务）或提供具有可替代性产品（或服务）的企业群由于产品有许多相似的属性，会为争夺相同顾客展开激烈的竞争。在进行行业环境分析时，首先要把握好行业整体经济特性，需要密切关注市场区域范围及规模大小、行业进入与退出壁垒及难易程度、对资源的要求程度及平均投资回收期、市场成熟程度和市场增长速度、行业中公司的数量及其规模、购买者的数量及规模、分销渠道的种类及特征、技术革新的方向及速度、行业总体盈利水平等，这方面内容可以依托行业生命周期模型来分析。其次，创业者可以根据迈克尔·波特行业五力结构分析模型来研究行业竞争力量。

（一）行业生命周期分析

行业生命周期模型是研究行业演变对竞争力量影响的分析工具，它将行业的演变的四个连续阶段，对应着四种不同行业环境：萌芽、成长、成熟和衰退。

（1）萌芽行业是刚刚开始发展的行业，在这一阶段行业成长较慢，这是因为购买者不熟悉行业产品，企业无法实现规模经济导致产品价格较高，分销渠道发展不完善。这一阶段行业的进入壁垒来自掌握技术上的优势而不是规模经济所要求的成本或品牌忠诚。在萌芽阶段，竞争主要在于如何更有效地吸引顾客、打开分销渠道、完善产品设计，而不是降低价格。

（2）随着产品需求的上升，行业开始进入成长阶段。在成长阶段，由于大量新顾客的涌入，需求增长迅速。成长阶段的典型特征是顾客对产品逐渐熟悉，规模经济的效应导致价格下降，分销渠道逐步成熟构建。当行业进入成长阶段后，技术知识作为壁垒的重要性逐渐消失。因此，这一阶段来自潜在竞争者的威胁最大。

（3）成熟阶段市场需求完全来自于产品更新，需求增长缓慢或停滞。行业进入成熟阶段后，进入壁垒开始提高，潜在竞争者的威胁变小了。随着需求增长的下降，企业已经不可能仅凭现有的市场份额实现过去那样的增长。进入成熟阶段，行业中的企业已经逐步建立了品牌忠诚，实现了低成本运营。成熟行业中较高的进入壁垒为企业提高价格和增加利润创造了机会。

（4）衰退阶段在诸多因素的作用下需求增长变成负数。原因可能是技术替代社会变革、人口因素和国际竞争。在衰退行业中,现有企业间的竞争会加剧。主要原因在于需求下降或退出障碍导致的产能过剩。退出障碍越大,企业越不愿意削减产能,价格竞争的威胁就越大。

(二) 行业竞争环境五力竞争模型分析

行业竞争环境分析通常采用迈克尔·波特创立的五要素竞争力模型,简称"五力模型"。根据波特的观点,决定企业竞争格局的五种力量分别是:供应商的议价能力、购买者的议价能力、潜在竞争者进入的能力、替代品的替代能力、行业内竞争者现有的竞争能力。该模型为识别和分析企业竞争因素的来源提供了一个很好的分析框架,描述了行业内决定价格、成本关系及决定产业利润水平的五种力量。通过分析能够表明创业企业应该采用的合适的竞争战略类型以及应该获取和开发的资源。

1. 供应商的议价能力

供方力量的强弱取决于他们所提供给买方的是什么投入要素。当供方所提供的投入要素价值构成了买方总成本的较大比例,对买方产品生产过程非常重要或者严重影响买方产品质量时,供方对于买方的潜在讨价还价力量就大大增强。一般来说,满足如下条件的供方会具有比较强大的讨价还价力量。①供方产业为一些具有比较稳固市场地位而不受市场激烈竞争困扰的企业所控制,其产品的买方很多,以至于每单个买方都不可能成为供方的重要客户。②供方各企业的产品各具有一定特色,以至于买方难以转换或转换成本太高,或者很难找到可与供方企业产品相竞争的替代品。③供方能够方便地实行前向联合或一体化,而买方难以进行后向联合或一体化。

2. 购买者的议价能力

购买者主要通过其压价与要求提供较高的产品或服务质量的能力,来影响产业中现有企业的盈利能力。一般来说,满足如下条件的购买者可能具有较强的讨价还价力量。①卖方的购买者总数较少,而每个购买者的购买量较大,占了卖方销售量的很大比例。②卖方产业由大量规模较小的企业组成。③购买者所购买的基本上是一种标准化产品,同时向多个卖方购买产品也完全可行。④购买者有能力实现后向一体化,而卖方不可能实现前向一体化。

3. 新进入者的威胁

新进入者在给产业带来新生产能力、新资源的同时希望在已被现有企业瓜分完毕的市场中赢得一席之地,这就有可能会与现有企业发生原材料与市场份额的竞争,最终导致产业中现有企业盈利水平降低,严重的话还有可能危及这些企业的生存。竞争者进入威胁的严重程度取决于两方面的因素,即进入新领域的障碍大小与预期现有企业对于新进入者的反应情况。新企业进入一个产业的可能性大小,取决于进入者主观估计进入所能带来的潜在利益、所花费的代价与所要承担的风险这三者的相对大小情况。

4. 替代品的威胁

两个处于相同行业或不同行业的企业,可能会由于所生产的产品是互为替代品,从而在它们之间产生相互竞争行为,这种源自替代品的竞争会以各种形式影响行业中现有企业的竞争战略。首先,现有企业产品售价以及获利潜力的提高,将由于存在着能被用户方便接受的替代品而受限制;其次,由于替代品生产者的侵入,使得现有企业必须提高产品质量,或者通过降低成本来降低售价,或者使其产品具有特色,否则其销量与利润增长的目标就有可能受挫。最后，源自替代品生产者的竞争强度受产品买方转换成本高低的影响。总之，替代品价格越低质量越好，用户转换成本越低，其所能产生的竞争压力就强，而这种来自替代品生产者的竞争压力的强度，可以具体通过考察替代品销售增长率，替代品厂家生产能力与盈利扩张情况来加以描述。

5. 同业竞争者的竞争强度

大部分产业中的企业相互之间的利益都是紧密联系在一起的，为了使自己的企业获得相对于竞争对手的优势，必然会产生冲突与对抗现象，这些冲突与对抗就构成了现有企业之间的竞争。现有企业之间的竞争常常表现在价格、广告、产品介绍、售后服务等方面，其竞争强度与许多因素有关。一般来说，出现下述情况将意味着行业中现有企业之间竞争的加剧。①行业进入障碍较低，势均力敌竞争对手较多，竞争参与者范围广泛。②市场趋于成熟，产品需求增长缓慢。③竞争者企图采用降价等手段促销。④竞争者提供几乎相同的产品或服务，用户转换成本很低。⑤行业外部实力强大的公司在接收了行业中实力薄弱企业后，发起进攻性行动，结果使得刚被接收的企业成为市场的主要竞争者。⑥退出障碍较高即退出竞争要比继续参与竞争代价更高，这里的退出障碍主要受经济战略及社会政治关系等方面的影响。

根据上面五种竞争力量的讨论，创业企业可以尽可能地将自身的经营与主导竞争力量隔绝开来，努力从自身优势出发影响行业竞争规则，先占领有利的市场地位，再发起进攻性竞争行动。采取以上手段来应付五种竞争力量，以逐步建立并增强自己的竞争实力。

第三节　机会的特征要素分析

马克·吐温说，我极少能看到机会，往往在我看到机会的时候，它已经不再是机会了。创业机会并不是一般意义上的商业机会，创业机会的独特性就在于能经由重新组合资源来创造一种新的商业模式，而商业机会的范畴更为广泛，代表着所有优化现有商业模式的潜力或可能性。创业机会是一种独特的商业机会，主要表现为对现有商业模式的全盘甚至是颠覆性变化。

一、机会的特征与类型

（一）创业机会的特征

美国著名的杰弗里·蒂蒙斯（Jeffry. Timmons）教授提出，初创企业好的商业机会有以下四个特征：第一，能吸引顾客并最终为用户创造价值；第二，具有可行性。在实际的商业环境中行得通，能够为用户解决痛点和满足某种需求和愿望；第三，必须在机会窗口存在的时期有效实施，确保旺盛的市场需求和丰厚的利润，可以为投资者带来切实可行又极具吸引力的回报；第四，创始人和团队必须有足够的资源开创业务和足够的收益回报，持续不断推进业务发展。

对于创业者所选择的创业机会来说，创业者所面临的市场环境的特征，包括市场的成长性、市场的规模、市场的竞争程度、是否拥有良好的市场网络关系等。

创业产品本身的特征包括产品本身的技术优势,包括产品的技术是否存在进入壁垒、产品技术是否有成本优势、技术优势能否持久等。

(二) 创业机会的分类

创业者发现与把握的机会不同,创业活动也随之不同,创业结果也存在差异,根据不同的标准,对创业机会可以有不同的分类。

根据创业机会的来源分类,创业机会可以分为问题型机会、趋势型机会和组合型机会三种类型。问题型机会是指由现实中存在的未被解决的问题所产生的一类机会。趋势型机会是在变化中看到未来的发展方向,预测到未来的潜在机会。这种机会一般容易产生在重要领域改革或时代变迁的时期。组合型机会是将现有的两项以上的技术、产品、服务等因素组合起来,实现新的用途和价值而获得的创业机会。

问题型机会在人们的日常生活中和商业实践中大量存在。在这些问题的解决过程中,会存在价值或大或小的创业机会,需要用心发现。趋势型机会一般出现在经济变革、政治变革、人口变化、社会制度变革、文化习俗变革多个方面,一旦被人们认可将产生持久的影响,带来巨大的收益。在各种新的变革不断出现的环境下,一旦能够及早地发现并把握好趋势型机会,就有可能成为未来的先行者和领导者。组合型机会对已经存在的多种因素重新整合,往往能实现与过去功能大不相同或者效果倍增的效果。

根据目的和手段关系的明确程度,可以将创业机会划分为识别型、发现型和创造型三种类型。识别型机会是指市场中目的手段关系十分明显时,创业者可通过目的手段关系的连接来辨识机会。发现型机会则指目的和手段任意方的状况未知,等待创业者去发掘机会。创造型机会指的是目的和手段皆不明朗,因此创业者要比他人更具先见之明,才能创造出有价值的市场机会。

在商业实践中,识别型、发现型和创造型三种类型创业机会可能同时存在。一般来说,识别型机会多半处于供需尚未均衡的市场,创新程度较低,这类机会并不需要太繁杂的辨别过程,反而强调拥有较多的资源,就可以较快进入市场获利。把握创造型机会就非常困难,它依赖于新的目的手段关系,而往往创业者拥有的专业技术信息、资源规模都相当有限,更需要创业者的创造性资源整合与敏锐的洞察力,同时还必须承担巨大的风险。发现型机会则最为常见,也是目前大多数创业者研究的对象。

二、机会的发现

管理大师彼得·德鲁克将创业者定义为那些能"寻找变化,并积极反应,把它当作机会充分利用起来的人。"有些创业者受到外部激励而决定创业,接着搜索并识别机会,然后创建新企业。还有一些创业者是受到自身内部激励作用,先识别出现实问题或未满足的需求,从而通过创新创业来填补它。不管创业者以哪种方式创建新企业,机会都很难识别。所以我们可以说机会的识别一半是艺术,一半是科学。

三、发现创业机会的影响因素

先前经验。先前经验有助于创业者识别机会。在某个产业工作,个体可能识别出未被满足的市场。创业经验也非常重要，连续创业者就相对容易发现新的创业机会。创业者一旦投身于某产业创业，将比那些从产业外观察的人，更容易看到产业内的新机会。调查发现，创业者创业前所担任过管理职位的多样性越高，行业经验相关性越强，往往越能收获更好的企业绩效。

认知因素。多数创业者认为他们对商机的敏感使他们能看到别人忽略的机会，这在很大程度上是一种习得性的技能。拥有某个领域更多知识的人，倾向于比其他人对该领域内的机会更敏感。发现机会的创业者对市场的相对敏感认知是与未发现机会的普通人之间最重要的差别。换句话说，创业者可能比其他人更擅长估计市场规模并推断可能的含义。

社会关系网络。个人社会关系网络的深度和广度影响着机会识别。建立了大量社会与专家联系网络的人，比那些拥有少量社交网络的人容易得到更多机会和创意。按照关系的亲疏远近，社会网络关系可以划分为强关系与弱关系。强关系以频繁相互作用为特点，形成于亲朋好友和配偶之间；弱关系以不频繁相互作用为特点，形成于同事、同学和普通朋友之间。创业者通过弱关系比通过强关系更可能获得新的商业创意。

创造性。创造性是产生新奇或有价值创意的过程。从某种程度上讲，机会识别是一个创造过程，是不断反复的创造性思维过程。在听到更多奇闻轶事的基础上，你会更容易看到创造性包含在许多产品、服务和业务的形成过程中。创造性思维很难找准定位，但有时它又非常具体。在现实背景下，具有前瞻性思维的创业者，不仅自身具备高效的创造性思维习惯，还把培养创造性思维的文化潜移默化地融入自己的创业团队建设中。

四、创业机会识别的过程

（一）分析创业机会的商业价值

分析特定商机所对应的市场需求规模结构，特别是该商机刚刚形成时的需求规模与结构、潜在的目标客户群，客户群的人文特征，哪些客户有可能成为目标客户中的"领先客户"。领先客户是新创企业未来应该首先开发的客户，并需要借助领先客户的"示范效应"进一步去开发其他目标客户。商机总是针对细分市场而言的。不同细分市场上的商机的商业价值是不同的。但凡成长性行业中的商机，未来会有较大的商业价值。

（二）分析创业机会的可持续成长性

适合创业的商机一定要有持续性和成长性。商机的持续时间，即特定商机所对应的市场需求有可能持续多长时间，相应的市场需求持续越久，新创企业越是值得去追逐这样的商机。商机的成长性，实际上是指特定商机所对应的市场需求的成长性。当创业者所面对的市场需求从长期趋势上看，会持续成长的情况下，市场上才可能容纳较多的企业，从而新创企业也才会有较大的成长空间。新创企业只有在市场需求成长最快的机会窗口时间段向市场推出自己的产品或服务，才能尽快在市场中立足进而奠定成长基础。

（三）分析创业机会的商机、创意、资源能力的匹配程度

创业机会是适当的商机、有价值的创意、可获取的资源、团队的能力四者的有机整合。当这四种要素处于匹配的状态时，对创业团队而言，相应的商机才能够被称为"创业机会"。在商机与创意匹配的基础上，需要分析创业者是否有能力实施相应的创意，以及创业

者是否能掌握实施该创意所需的资源。如果自己的能力、掌控的资源不足以实施相应的创意，则这时的商机也不构成创业机会。

总之，发掘创业机会的做法大致可通过归纳分析特殊事件、矛盾现象、作业程序、产业与市场结构变迁的趋势、人口统计资料的变化趋势、价值观与认知的变化、新知识的产生来发掘创业机会。最好的创业机会常常来自于创业者长期观察与生活体验，需要创业者在心中不断的思索酝酿、反复探索。

第四节 机会的评估筛选

一、创业者自身条件的评估

机会识别是一种主观色彩比较浓厚的行为。即使某一创业机会已经表现出较好的预期价值，但并非每个创业者都能识别这一机会，并且坚持到最后的成功。因此创业者特质对于机会识别来说很重要。面对同样的外部环境及产业结构的时候，不同创业者实施的战略会有很大差异，这不仅取决于宏观环境和所在的产业结构，还与创业者及其拥有的内部资源相关。创业机会的内生力量可以分为支持要素、新事业的产品特征以及新事业的成长能力。

支持要素是创业者能够有效开发创业机会的支持条件，只有具备这些支持要素，创业者才能选择创业，创业机会才能得以开发。支持要素主要是指有关人、财、物的要素。人的要素实际上是组织成员向组织提供的技能知识以及决策能力。创业者及创业团队想要适应环境的快速变化，并利用机会求得发展。需要考虑创业团队成员如何进行合作，拥有统一的目标，在各自的角色上发挥作用，保障创业机会开发方案的实施。财与物的要素包括可以保障创业活动开展、进行机会开发的资金及其周转能力、生产所需的设备和设施、企业的组织资源、必要的市场信息、与客户和供应商的联系等多元化的资源。如果缺乏这些资源，创业者将举步维艰。

新事业的产品特征包括企业所提供的服务，对其评价是在对所处行业的竞争有一定了解后进行的，主要涉及对消费者具有一定吸引力的产品创新程度。创新以为消费者提供价值为前提，同时也是一种进入壁垒，并且是多角度的，既包括产品的性能、技术含量，也包括包装、标识、品牌、售后服务等。

成长能力是创业者对于创业机会的潜在价值的判断，是考察创立新事业在未来一定时期内经营能力的发展变化。创业者在对创业机会进行评价的时候，积极设想新事业创建之后所能实现的发展目标，包括销售收入增长率、税前利润增长率、固定资产增长率、产品成本降低率、人员增长率等。如果创业者吸收风险投资，还必须设想投资能否顺利收获以及具体的收获方式。只有符合创业者心中的标准，创业机会才能真正付诸行动。

创业者能否感知到创业机会的存在取决于他们是否有异质的特质甄别外部信息和对信息进行选择性的过滤风险倾向、成就需要、不确定性容忍度等这些特质使其能够敏锐识别创业机会。在宽松的环境下，创业者借助某些特质能更容易识别一些机会，并迅速地评估机会是否具有可行性，进而采取后续的行动。

二、创业者与机会的匹配

创业机会常常出现，却很难为创业者所把握。即使创业机会的潜在价值再大，如果创业者缺乏相应的必备条件和资源，盲目行动带来的后果往往也可能是血本无归。如何才能判断创业机会是否适合自己，至少需要从个人经验、社会网络、经济状况三个方面评价。

在个人经验层面，需要重点考虑以前的工作和生活经验是否能够支撑后续开发创业机会所必需的知识和技能，创业者经验的广度和深度扮演着重要角色。在社会网络层面，要考虑自己的社交网络能否支撑后续开发机会所必需的资源和其他条件。社会关系网络在创业活动中起到重要的作用，社会关系网络越广，个体越容易发现创业机会，也更容易把握创业机会实施创业活动。因为在创业过程中，社会关系网络不仅为创业者提供了信息、知识和资源，而且为创业者提供了必要的情感和心理支持，创业绝非易事，这些情感和心理支持是支撑创业者走向成功的关键因素。

在经济状况层面，需要重点考虑的是能否承受从事创业活动而带来的机会成本。大量研究表明，在创业之初，大部分成功创业者并没有充足的自有资金用于创业，但都有着报酬丰厚的工作机会。也就是说，需要考虑创业机会的价值潜力能否在长期内弥补因放弃工作而承担的损失。一旦个体做出了创业选择，创业活动的价值和利润创造潜力也较那些创业前机会成本较低的创业者更高。

创业者在评价创业机会时需要综合考虑各类因素，但由于创业是一项具有高度风险的活动，没有一个创业机会是一帆风顺的，也没有任何创业者是在万事俱备适合自己的条件下展开创业活动的。因此在评价创业机会之后是否决定投入创业，仍然是一件比较主观的决策。

三、创业机会的评估

创业活动是创业者与创业机会的高度契合。一方面创业者需要识别并开发创业机会，另一方面创业机会也在选择创业者。只有创业者和创业机会之间存在着恰当的匹配关系时，创业活动才可能发生并取得成功。

大公司对商业机会的识别通常会借助周密的市场调查研究，创业者往往依据自身以往的工作经验、对消费者痛点的分析、朋友的建议、市场环境的变化识别创业机会。有些创业机会甚至是偶然发现的，一些创业机会建立在创业者自身独特的创意基础上，其商业概念包含了创业者的智慧，这些都会使对创业机会价值的评价变得相对困难。从这些角度分析，创业者评价创业机会，首先要看创业者是否具备开发创业机会的条件，也就是说要注重创业者与创业机会的匹配，然后要对创业机会的价值作初始判断，重要的是展开市场测试来检验是否有真实的顾客，这是开发创业机会的基础，也为判断创业机会提供有效依据。

创业者对机会的评价来自他们的初始判断，初始判断就是假设加上简单计算。假设加上简单计算只是创业者对机会的初始判断，进一步的创业行动还需依靠调查研究，对机会价值做进一步的评价。靠预测分析、调查论证出有价值而且适合自己的机会不一定有顾客，更不一定能创造出巨大的市场。

创业者经常容易犯的错误是，自己认为好的就一厢情愿地断定顾客也应该认为好。"己所欲施于人"常常不一定能奏效。市场测试是把产品或服务拿到真实的市场中进行检验。

市场测试与市场调查不完全相同，你询问一个消费者是否想购买和这位消费者实际是否购买很多时候是两回事。市场测试可以说是创业者的必修课程，是一种比较特殊的市场调查。

评价创业机会需要采取一系列科学的方法。一方面，可以从收益——成本框架出发评价创业机会的价值创造潜力，判断值不值得追求所发现的创业机会；另一方面，可以从个体创业机会框架出发评价创业机会价值实现的可能性，判断个体能不能够真正把握并实现创业机会的价值。

著名美国百森商学院的蒂蒙斯教授提出的创业机会评价基本框架是比较完善的创业机会评价指标体系。蒂蒙斯教授认为，创业者应该从行业和市场、经济因素、收获条件、竞争优势、管理团队、致命缺陷问题、个人标准、理想与现实的战略差异八个方面评价创业机会的价值潜力，并围绕这八个方面形成了多项评价指标。在现实创业活动中，创业者不太可能按照这些指标对创业机会做出逐一评价。创业者对创业机会的筛选常常表现为主观感觉而非客观分析的过程。

四、创业机会评价的特殊性

创业机会评价已经构建了许多定性定量的评价体系，但机会的识别依然一半是科学，一半是艺术。这是因为，创业机会评价具有多方面特殊性。

（一）机会信息的不对称性

创业者在创业机会的解读上常常面临信息的不对称。识别好的创业机会本身需要具备足够的知识、信息、资源、社会关系网络，要求创业者具有丰富的工作经验和社会阅历、特殊的知识结构和广泛的社会关系网络，但创业者往往在知识结构、工作经验、个人特质和资源禀赋方面存在差异和局限性，这势必影响对创业机会评价的准确性。另一方面，机会信息本身往往是不确定、不具体、不精确的，尤其是那些可能孕育出新的市场甚至是新的产业的创业机会。

（二）创业环境的不确定性

随着经济全球化、信息化和科学技术的迅猛发展，今天的创业者面临的是一个更加复杂多变和不确定的市场环境，往往创业机会的价值潜力越大、科技含量越高，环境不确定性就越大，信息也就越不完全，创业者就越难做出全面、准确的评价。当然，环境的不确定性并非只有消极作用，它会提供开创新事业的诸多机会，创业正是对环境不确定性的回应，而且这种应对结果往往进一步催生大量新的不确定性机会。

（三）创业者的有限理性

借助有限理性理论可以评估创业者的有限理性与创业环境的不确定性密切相关。人们对环境的预测能力和认识能力是有限的，人不可能无所不知。其次，创业者个人特质尤其是性格特征、认知因素、职业兴趣存在很大差异，即便是面对同一机会，不同的创业者也会表现出不同的看法和评价。此外，由于受到情境的影响，在很大程度上创业者对机会的评价往往依靠以往的经验直观推断。在复杂情境下，一个人不可能获得所有的信息来做出合理的决定，因此人们只具有有限的理性。

总之，对创业机会的识别与评价因人而异、因地而异、因具体环境而异，但其中创业者的冒险精神起着关键性作用。创业机会识别与评价还受到创业者性别、创业团队、地域差异等多种因素影响。创业者在机会评价过程中，必须客观分析个人特质、职业兴趣和能力特长，考虑是否与相应的机会相匹配，依托自身的优势，通过机会选择、资源整合，创造满足需求的方式，从而使有价值的创意成为可能的创业机会。

第五章

商业模式

第一节 商业模式的概念与类型

一、商业模式的概念

商业模式是指企业基于价值创造的基本逻辑,描述企业如何创造价值、传递价值和获取价值的基本原理,如图 5-1 所示。

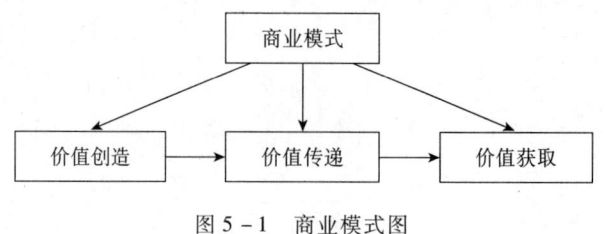

图 5-1 商业模式图

下面,用形象的比喻解释何为商业模式。

从风险投资家的角度:你左口袋里的货币跑出去,绕了一圈回到你的右口袋,多增加出来的那一元是如何来的。

从企业的角度:你的产品如何制造出来,然后又通过一个什么样的方式、手段、策略、文化等战略战术,与消费者完成的商品交易过程。

许多创业企业成功,并不是因为技术创新性有多强,而是因为开发出一套确实可行的商业模式。

[拓展阅读] 奇虎360公司的盈利模式，如图5-2所示。

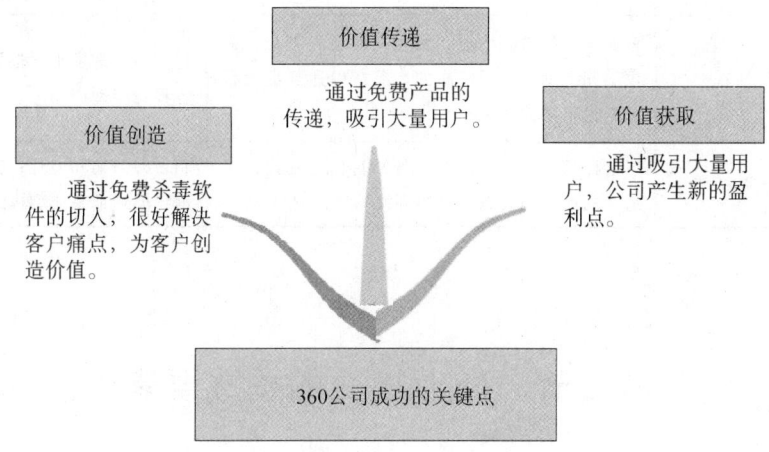

图5-2 奇虎360公司盈利模式

[拓展阅读] 驾驭业态变革的如家模式

如家运用了"B&B"酒店模式，即"bread and bed"——提供中端价格、高品质的住宿服务，聚焦舒适的住宿和简单的早餐，除去不需要的娱乐、会议和购物等服务。这正好在高端和低端酒店当中，开辟了一块真空地带。

根据如家模式的定位，应对的消费者来自商务出差、大众旅游、学生等广大中低档消费群体。

如家模式找准酒店行业的核心本质，只提供基本的服务和设施，因此开创了酒店行业一大细分市场，并逐渐形成特有的商业模式。

二、商业模式的类型

表5-1

类型	特征	举例
平台式	通过搭建一个合理化的平台，吸引相关人群来经营发展，保证稳定的业务增长和持续发展的动力	腾讯、百度、阿里巴巴等网络平台
网模式	通过构建密集完整的网络体系，最大限度的占有市场份额，保持对市场的控制度，并整合市场中尽可能多的资源	百丽鞋业、7-eleven等网模式发展模式
资源衍生模式	从现有资源中挖掘衍生价值，构建新的赢利点和赢利模式，使利润倍数增长	加油站附带餐饮、商店经营；机场、火车站附带大巴客运等方式
开门模式	前期的销售或服务是后续销售的铺垫，以培养客户的消费习惯和购买忠诚度为目标，使客户的购买行为变成一种长期的重复性的行为	买话费、送手机；通用航空公司把飞机发动机赠送给用户，以后期维护赚取服务费等

续表

类型	特征	举例
金字塔模式	根据客户的不同特点，对客户群进行细分，提供不同类型、不同层次的产品，以达到最大程度覆盖市场的效果	化妆品、洗发水等根据不同需求设计各种功能型产品
饵与钩模式	以某种商品低价格甚至零价销售作为诱饵，以后续的产品作为真正的盈利源	剃须刀刀架和刀片；打印机和墨盒等销售模式都是典型模式

第二节 商业模式的构成要素

一、商业模式包括九大构成要素

（一）客户细分

用来描述一个企业想要接触和服务的不同人群或组织，主要回答以下两个问题。

1. 我们正在为谁创造价值？
2. 谁是我们最重要的客户？

（二）价值主张

用来描述为特定客户细分创造价值的系列产品和服务，主要回答以下 4 个问题。

1. 我们该向客户传递什么样的价值？
2. 我们正在帮助我们的客户解决哪一类的难题？
3. 我们正在满足哪些客户需求？
4. 我们正在提供给客户细分群体哪些系列的产品和服务？

（三）渠道通路

用来描述公司是如何沟通接触其客户细分群体而传递其价值主张，主要回答以下 5 个问题。

1. 通过哪些渠道可以接触我们的客户细分群体？
2. 我们如何接触他们？我们的渠道如何整合？
3. 哪些渠道最有效？
4. 哪些渠道成本效益最好？
5. 如何把我们的渠道与客户的例行程序整合？

（四）客户关系

用来描述公司与特定客户细分群体建立的关系类型，主要回答以下 3 个问题。

1. 每个客户细分群体希望与我们建立和保持何种关系？
2. 哪些关系我们已经建立？
3. 这些关系成本如何？

（五）收入来源

用来描述从每个客户群体中获取的现金收入，主要回答以下5个问题。
1. 什么样的价值能让客户愿意付费？
2. 他们现在付费买什么？
3. 他们是如何支付费用的？
4. 他们更愿意如何支付费用？
5. 每个收入来源占总收入的比例是多少？

（六）核心资源

用来描述让商业模式有效运转所需要的最重要因素，主要回答以下4个问题。
1. 我们的价值主张需要什么样的核心资源？
2. 我们的渠道通路需要什么样的核心资源？
3. 我们的客户关系需要什么样的核心资源？
4. 我们的收入来源需要什么样的核心资源？

（七）关键业务

用来描述为了确保其商业模式可行，企业必须做的最重要的事情，主要回答以下4个问题。
1. 我们的价值主张需要什么样的关键业务？
2. 我们的渠道通路需要什么样的关键业务？
3. 我们的客户关系需要什么样的关键业务？
4. 我们的收入来源需要什么样的关键业务？

（八）客户伙伴

用来描述让商业模式有效运行所需的供应商与合作伙伴，主要回答以下4个问题。
1. 谁是我们的重要伙伴？
2. 谁是我们的重要供应商？
3. 我们正从伙伴那里获得哪些核心资源？
4. 合作伙伴都在执行哪些关键业务？

（九）成本结构

用来描述运营一个商业模式所引发的所有成本，主要回答以下3个问题。
1. 什么是我们商业模式中最重要的固有成本？
2. 哪些核心资源花费最多？
3. 哪些关键业务花费最多？

第三节 商业模式的设计方法——商业模式画布

所有创业者在创业前必须为其具有可行性的创意设计一套既切实可行，又具有独特竞争优势的商业模式。商业模式画布为描绘、分析、设计商业模式提供了一种强有力的工具。

商业模式画布是一个精密系统，它涉及三个板块，四个视角，九个模块。

三个板块是客户价值主张、资源与能力、盈利模式，见表 5-2。

表 5-2

资源与能力	客户价值主张
盈利模式	

四个视角是客户视角、产品和服务（提供物）视角、基础设施视角、财务视角见表 5-3。

表 5-3

基础设施 （如何提供）	提供物 （提供什么）	客户 （为谁提供）
（成本多少）	财务	（收益多少）

九个模块是四个视角的细分，具体看，客户视角包括客户细分、渠道通路、客户关系。产品和服务视角包括价值主张。基础设施视角包括核心资源、关键业务、重要伙伴。财务视角包含成本结构、收入来源，如表 5-4 所示。

表 5-4

重要伙伴	关键业务	价值主张	客户关系	客户细分
	核心资源		渠道通路	
成本结构				收入来源

创业者可以通过一张简单的商业模式画布描绘自己的创业设计的可行性，向投资者表达自己商业模式的完整性、一致性，也会起到一目了然的作用。

商业模式画布主要从以下三个方面进行设计。

一、客户价值主张设计

价值主张用来描述为特定客户细分创造价值的系列产品和服务，用于解决客户难题和满足客户需求。价值主张是客户转向一个公司而非另一家公司的原因，它解决了客户困扰或者满足了客户需求。每个价值主张都包含可选系列产品或服务，以迎合特定客户细分群体的需求。从这个意义上讲，价值主张是公司提供给客户的受益集合或受益系列。

进行客户价值主张设计,应该以价值主张为中心,从客户细分、渠道通路、客户关系三方面来设计。

(一)客户细分

客户细分是用来描述一个企业想要接触和服务的不同人群或组织。这些人群或组织具有某些共性,从而使企业能够(针对这些共性)创造价值。定义消费者群体的过程就是客户细分。

通过客户细分,可以向他们提供你的价值主张。

你针对哪些客户细分提供了什么样的价值主张(图 5-3)?(商业模式)

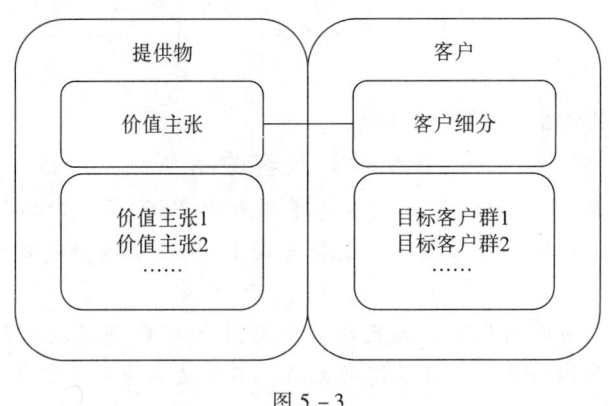

图 5-3

(二)渠道通道

渠道通路是用来描述企业如何沟通、接触其客户细分而传递其价值主张的。

你如何接触你的客户(如图 5-4)?(商业模式)

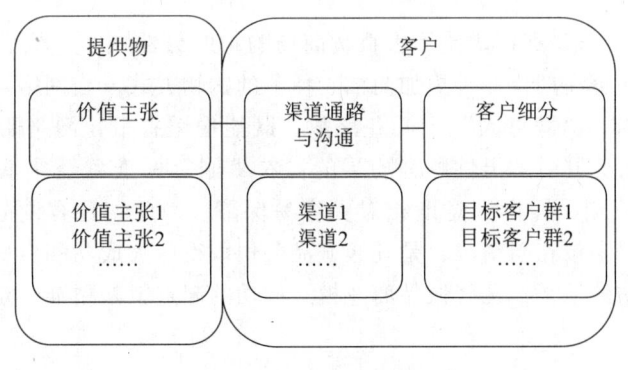

图 5-4

(三)客户关系

客户关系是用来描述企业与特定客户细分群体建立的关系类型,包括关系建立、关系维系。

你如何建立客户关系(如图 5-5)?(商业模式)

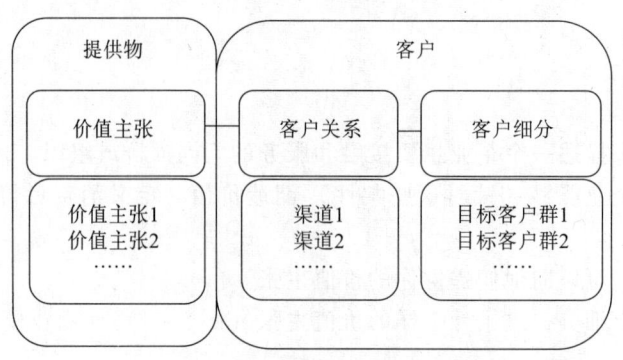

图 5-5

【拓展阅读】 客户价值主张案例分析

VANCL 凡客诚品

VANCL（凡客诚品），由卓越网创始人陈年创办于 2007 年，产品涵盖男装、女装、童装、鞋、家居、配饰、化妆品等七大类，支持全国 1100 多个城市货到付款，当面试穿，30 天无条件退换货。

据艾瑞调查报告，当时的凡客诚品已跻身中国网上 B2C 领域收入规模前四位，其中自有服装品牌销售部位居国内第一。其取得的成绩，不但被视为电子商务行业的一个创新，更被传统服装业称为奇迹。

针对上述阅读材料，分析凡客诚品的客户价值主张设计。

1. 客户细分

凡客诚品公司的网络销售服装模式，一开始就精准定位于"懒男人"，而不是针对通常服装企业喜欢针对的女性顾客，凡客诚品公司先从经典标准款的男装切入，直到第三年才开始逐步切入女装领域。

所谓"懒男人"，就是那些厌倦了去百货商场购物的男性顾客，他们觉得去百货商场购物非常麻烦，所以一直在期待一种更加简洁、便利的购物方式。当网络、目录电话方式可以足不出户购买服装时，"懒男人"们心花怒放，既能偷懒省事，网络购物还引领了时尚潮流，何乐而不为？与此同时，男性顾客购买的衬衣 T 恤等标准款经典款的服装对尺码、大小的要求不是那么苛刻，客户满意度相对更容易保障。因此：凡客诚品公司把"懒男人"作为切入点的客户群定位相当精准，是凡客诚品公司取得巨大成功的良好起点！

好的开始是成功的一半，凡客诚品商业模式成功的起点就是精准地定位目标客户群，如图 5-6 所示。

2. 渠道通路

线上销售

卖家在网上销售，网络商店设有区域界限，只要能上网，世界各地的消费者都可以成为你的客户，只要上网，你就可以买到世界各地的商品。

送货上门、退货也上门、退款也上门，服务做到极致，如图 5-7 所示。

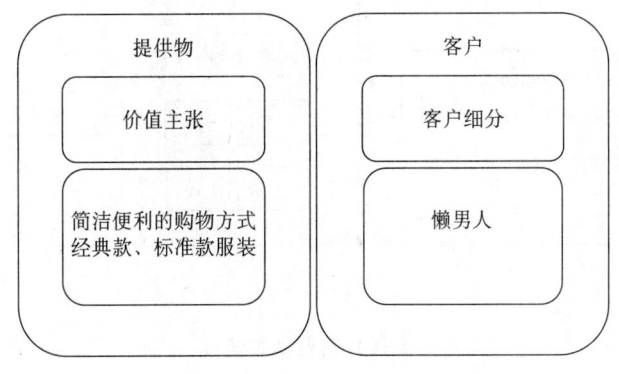

图 5-6

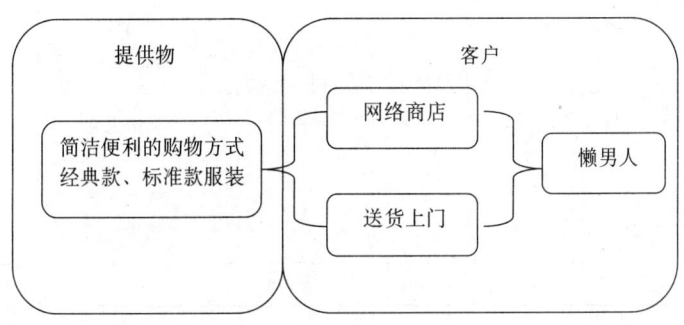

图 5-7

3. 客户关系

目前在新浪、腾讯、网易、搜狐等各大网站，以及迅雷等网络常用工具资讯条上，无处不见凡客诚品的销售踪影，其接触点之多超乎想象。凡客注重互联网上的推广，其在网络投放的广告占所有广告投放的 60% 以上，重要的是广告的卖点明确、制作精美抓住了消费者的眼球，让其产品销售与品牌同步得到提升。

凡客邀请王珞丹和韩寒作为品牌代言人：这在电子商务行业绝无仅有，凡客此举被业界人士视为旨在关联明星品牌和凡客品牌，增加企业的品牌知名度和美誉度，除了在互联网上打低价牌，凡客诚品还广泛利用了口碑营销、病毒营销、博客营销等多种营销方式。向消费者传达"商务精英简单得体的生活方式和品牌形象"。

人性化的购物流程，购买方式简单易行，方便客户，互联网销售，用户体验为王，30天不满意免费退换货，付款后，如果客户仍不满意有 30 天的时间作为后悔期，解决了所有消费者的顾虑。

凡客诚品抓住了行业本质：解决了消费者在网络消费中对商家的不信任，将所有风险从消费者那里转移到凡客诚品，让消费者无任何风险购买商品，如图 5-8 所示。

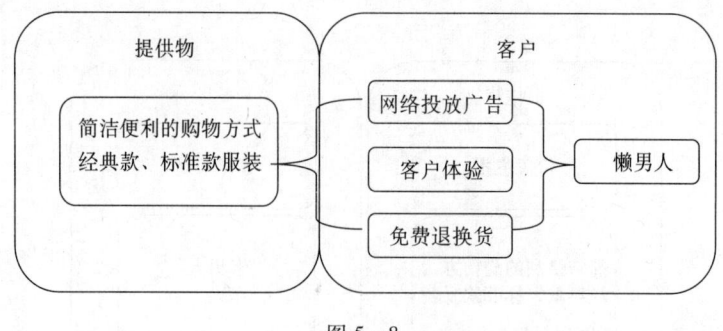

图 5-8

表 5-5　　　　　　　　　　　　　VANCL 商业模式画布

	关键业务	价值主张	客户关系	客户细分
			广告营销 客户体验	
	核心资源	简洁便利的购物方式 经典款、标准款服装	渠道通路 线上销售 送货上门	最初以懒男人为目标客户切入市场
成本结构			收入来源	

二、资源与能力设计

资源与能力设计，包含核心资源、关键业务、伙伴关系。

（一）核心资源

核心资源是用来描述商业模式有效运转所必须的重要因素。

每个商业模式都需要核心资源，这些资源使企业能够创造和提供价值主张、接触市场、与客户细分群体建立关系并赚取收入。

核心资源包括：

（1）实体资产。包括生产设施、不动产、系统、销售网点和分销网络等。

（2）金融资产。金融资源或财务担保，如现金、信贷额度或股票期权池。

（3）知识资产。包括品牌、专有知识、专利和版权、合作关系和客户数据库。

（4）人力资源。它可以是自有的，也可以是租借的或从重要伙伴那里获取的。

（二）关键业务

关键业务用来描述为了确保其商业模式可行，企业必须做的最重要的事情。

关键业务类型包括：

（1）制造产品：与设计、制造及发送产品有关，是企业商业模式的核心。

（2）平台/网络：网络服务、交易平台、软件甚至品牌都可看成平台，与平台管理、服务提供和平台推广相关。

（3）问题解决：为客户提供新的解决方案，需要知识管理和持续培训等业务。

（三）伙伴关系

重要伙伴用来描述让商业模式有效运行所需的供应商与合作伙伴。

一般来说有以下四种关系伙伴：

（1）在非竞争者之间的联盟关系。

（2）在竞争者之间的战略合作关系。

（3）为开发新业务而构建的合资关系。

（4）为确保可靠供应的购买方——供应商关系。

【拓展阅读】资源与能力案例分析

BeLLE 百丽集团

百丽集团创建于 1992 年 3 月 8 日，是在香港丽华鞋业贸易有限公司投资大陆兴建的生产加工企业的基础上，迅速发展起来的产销一体化集团企业，中国大陆著名的鞋业品牌连锁经营公司，香港美丽宝（集团）国际控股有限公司、美国 NiKE（耐克）公司、欧洲 ADI-DAS（阿迪达斯）公司、美国 NEWBALANCE（新百伦）公司、最大连锁网络之一 BATA（巴塔）、美国李维斯公司（Levi's）"世界第一条牛仔裤"李维斯公司在中国最大的合作伙伴。

百丽集团自主经营了 10 个著名鞋类品牌：Belle 百丽；Teenmix（天美意）、Tata（他他），Staccato（思加图）、Joy & Peace（真美诗）、Mirabell（美丽宝）、Millie's、Senda（森达）、Basto（百思图）及 JipiJapa，代理经营了 8 个著名品牌。百丽集团拥有中国鞋业第一自主连锁销售网络，2010 年营业额超过 237 亿元人民币，销售网络覆盖中国大陆包括所有省会城市在内的 300 多个主要城市，自营连锁店铺达 13 500 余间（截至 2011 年 10 月），产品辐射中国（含港澳台）、美国、欧洲、日本、东南亚、中东、非洲等国家或地区。

针对上述阅读材料，分析百丽集团的核心资源、关键业务和合作伙伴。

1. 核心资源

百丽的每个品牌都有自己的设计师队伍，各品牌的风格以主设计师为核心，基本上每个品牌都自主设计，彼此之间不会共享创意以保持各品牌风格的独立性。

当各品牌的设计图纸出来后，会被带到一年四季的订货会上，接到订单后，由各品牌的货品部与工厂接洽，负责下订单和补单，当皮鞋从工厂生产出来后，货品部会将数据交付给各品牌的营运部，由营运部负责核对产品，并且向位于全国 10 个大区的配送中心发送数据，在各区域的配送中心，百丽国际各品牌的产品开始汇集。在物流环节，拥有多个品牌的百丽，在仓储物流上开始了资源整合。

百丽旗下品牌资源整合的第二站是在渠道开拓中打包进入。百丽的销售网点多为商场专柜。百丽进驻商场时，一般会将主打的四五个品牌一起进，而且由于他们的产品销售不错，在和商场的谈判中往往占据上风。

设计研发和补货调货的分品牌独立管理，仓储物流和渠道开拓的打包整合，分、合之间的井然有序，使得百丽最大限度地整合了公司资源，以相对低的成本进行多品牌运作。

2. 关键业务

在鞋业，百丽的业务模式独树一帜，采取纵向一体化的业务模式；包括产品设计和开发、生产、营销和推广、分销和零售，这种模式让百丽可以最大程度地控制供应链。快速的反应能力，匀速的节奏，是百丽的供应链要素，百丽旗下各品牌在研发运营上保持独立，在仓储和物流环节开始整合。

尽管百丽有 4 000 多个销售网点，却能保持轻盈灵活的市场反应能力，其以自营为主的渠道和货品部的紧密结合，是百丽的秘诀。

百丽并没有投放大量广告，在每一个百货商场，你看到的是不同的品牌专柜，但这些专柜的背后都归属百丽公司，百丽公司控制了销量最大的百货商场零售终端，因此牢牢地控制了消费者，从而控制了主动权。

百丽公司牢牢地控制了百货商场这样一个占据着中国品牌女鞋销量 71% 的黄金地段，它用 1/3 甚至 1/2 的柜台来控制百货商场的零售终端。

百丽公司，与其说是一个卖鞋的公司，不如更准确地说它是一家零售连锁企业，连锁业的本质就是"房地产"，而它的成功本质就是"类房地产"。

3. 合作伙伴

兴源发是百丽的上游供应商之。除了兴源发，欧陆鞋城里的永成鞋业、白鹭等档口，都是百丽紧密合作的 ODM 供应商，即由他们设计出款式，供百丽挑选，再贴上百丽的品牌销售。

设计师在其后 50% 的生产中仍然具有重要作用。当第一批货投放到市场以后，各品牌的设计师将亲自到一线：查看鞋子畅销和滞销的原因，然后进行改款，以应对市场需求。

百丽公司不仅牢牢地控制了百货商场的零售终端，同时也善于通过资本运作来扩大零售终端的优势。鞋业公司往往现金流不错，很多鞋业公司自认为不缺钱，往往不屑于与风险投资对接。而百丽公司并没有这样狭隘地思考，融资并不是单纯"融资金"更是"融资源"。百丽公司在融得摩根士丹利和鼎晖基金的风险投资之后进入了企业发展的快车道。2007 年 5 月 23 日在香港交易所成功上市，上市当天募集资金近 100 亿元，股票市值达到近 800 亿元人民币。

表 5-6　　　　　　　　　百丽公司商业模式画布

重要伙伴	关键业务	价值主张	客户关系	客户细分
设计师 供应商 融资机构	设计开发 生产 营销 推广			
	核心资源 设计师团队 仓储物流		渠道通路	
成本结构		收入来源		

三、盈利模式设计

盈利模式涉及成本结构和收入来源。

（一）成本结构用来描述运营一个商业模式所引发的所有成本

一般来说，成本结构可以分为两种类型：

（1）成本驱动：创造和维持最经济的成本结构，采用低价的价值主张，最大限度的自动化和广泛外包。

（2）价值驱动：专注于创造价值，增值型的价值主张和高度个性化的服务。

成本结构由固定成本和变动成本构成。固定成本是不受产品和服务的产出变化影响的成本。变动成本是伴随产品或服务的产出变化而变化的成本。

（二）收入来源用来描述从每个客户群体中获取的现金收入，包括通过客户一次性支付获得的交易收入和客户为获得价值主张与售后服务而持续支付的经常性收入

收入来源可以分为7种类型：

（1）资产销售：销售实体产品所有权。

（2）使用收费：通过特定的服务收费。

（3）订阅收费：销售重复使用的服务。

（4）租赁收费：暂时性排他使用权的授权。

（5）授权收费：知识产权授权使用。

（6）经纪收费：提供中介服务收取佣金。

（7）广告收费：提供广告宣传服务收费。

【拓展阅读】盈利模式案例分析

麦当劳

我们都知道麦当劳最大的竞争对手是百事集团，它旗下有肯德基、必胜客、3皇3家、墨西哥餐馆等几大品牌。麦当劳全球有31 000家店，而百事旗下的仅肯德基、必胜客、3皇3家这三大品牌就拥有65 000家左右的店面，可是我们来看一下截至去年年底麦当劳的营业额为298亿美元，而百事旗下的三家店面营业额加在一起是194亿美元。

麦当劳的商业模式是让自己掌控技术和核心环节，用高效率的营运模式占据价值链的主动权，再利用在自己在价值链中的这种核心位置来赚取超额利润。

针对上述阅读材料，分析麦当劳的商业模式。

1. 收入来源

（1）"赚小钱"。麦当劳的主打产品无疑是它的汉堡包，麦当劳的汉堡其实利润非常少，甚至不赚钱。因为这么大的汉堡，要用最好的牛肉，最好的面包。面包里的气泡在4毫米时口感最佳，这样的面包不能用有些餐饮企业用的地沟油，只能用最好的油，而且十分钟以后不卖掉只能扔掉。这么高的成本，加上房租、人员费用、推广费用，麦当劳的汉堡包其实并不赚钱，但汉堡包恰恰是吸引众多消费者去麦当劳的一个主要原因。

麦当劳靠什么赚钱？是那些小小的不被人注意的可乐、薯条等小产品，这就是它赚小钱的方法。一杯可乐 5~6 元，可能毛利就有 4~5 元，这是它"赚小钱"的地方。

（2）"赚中钱"。麦当劳从供应链中获取"中利"，并不单纯依靠集中采购，而是同时积极而深入地参与到供应链改造之中，通过改造供应链，使得整个价值链的收益大幅度提升，麦当劳获得其中最大的一部分。

（3）"赚大钱"。麦当劳最大的利润来自于房地产、物流和信息化。

看麦当劳的商业模式，一部分土地是自己购买的，另一部分是以极低的价格承租下来以后签署长期合同，然后赚取加盟企业的现金。接下来通过我们所感受到的服务和餐饮文化创造出的价值效应，也就是说他不是被动等待地产升值，而是通过麦当劳商圈增加人流量来拉抬地产价格，然后用他收取的高额加盟费在中国构建自己的物流网络，这就是世界一流企业的商业模式。

麦当劳公司 1/3 的收入来自直营，2/3 的收入来自加盟。在加盟费里收取的重要收入就是房产增值的收益。从这个角度讲，麦当劳表面看来是卖汉堡包的快餐连锁企业，但他的企业本质、价值核心却是房地产。

2. 成本结构——革命性的降低成本

麦当劳不仅通过集中采购获取稳定的利润，同时积极参与到供应链的改造之中，通过改造供应链来降低供应链的成本，在所降低的供应链成本中与合作者分享，但最大的受益者肯定还是麦当劳。

举一个例子，假设过去一斤土豆卖 5 元钱，亩产只有 6 000 斤，麦当劳公司为农场免费提供土豆种植改良技术。当农场拿到免费的土豆种植改良技术后，亩产从 6 000 斤涨到 20 000 斤，过去每亩收入 30 000 元，单价 5 元，亩产 6 000 斤，现在亩产达到 20 000 斤以后，可以让农民把价格降到每斤 2 元，这样每亩总收入达到了 40 000 元，比过去的 30 000 元增长了 10 000 元，这样一来，农场企业都很开心。但最大的受益者是谁？毫无疑问是麦当劳公司。因为它从 5 元的单价变成 2 元的单价，单位成本大幅度降低。

表 5-7　　　　　　　　　　　麦当劳商业模式画布

重要伙伴	关键业务	价值主张	客户关系	客户细分
	核心资源		渠道通路	

成本结构 固定成本 可变成本：参与价值链改造，降低原材料成本	收入来源 赚小钱：薯条、汉堡 赚中钱：价值链改造 赚大钱：房地产

第六章

创业资源

第一节 创业资源概述

一、创业资源概念

创业的前提条件之一是创业者拥有或者能够支配一定的资源。所谓资源就是任何一个主体,在向社会提供产品或服务的过程中,所拥有或者所能够支配的能够实现自己目标的各种要素以及要素组合。创业资源是企业创立以及成长过程中所需要的各种生产要素和支撑条件。对于创业活动而言,创业资源不仅仅局限于单纯量的积累,而是在创业过程中支持企业获取竞争优势的动态过程。从这一角度看,创业活动本身是一种资源的重新整合。

二、创业资源分类

目前学术界对于创业资源主要有如下分类。

(一)基于资源要素对企业战略规划过程的参与程度分为直接资源和间接资源

直接资源主要有财务资源、管理资源、市场资源、人才资源等,是直接参与企业战略规划的资源要素。间接资源主要有政策资源、信息资源、科技资源等,对于创业成长的影响更多的是提供便利和支持,而非直接参与创业战略的制定和执行,如图6-1所示。

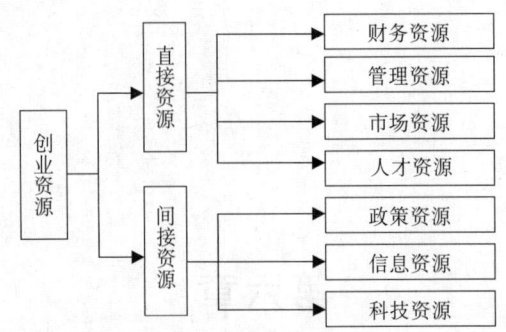

图6-1 基于资源要素对企业战略规划过程的参与程度创业资源细分概念模型图

1. 财务资源

财务资源包括资金、资产、股票等。对创业者来说,财务资源主要来自个人、家庭成员和朋友。由于缺乏抵押物等多方面的原因,创业者从外部获取大量财务资源比较困难。

创业者在创业初期,必须考虑各方途径可获得的资金量,是否能够支持创业者项目启动以及能否支持创业初期前几个月现金流入量少或者亏损的情况。

2. 经营管理资源

管理是一种无形的、动态的、间接的资源。科学技术是生产力,科学技术能够使生产、交通发展起来,使人民生活富裕起来,但是科学技术现代化只有与管理现代化相结合,才能转化为现实的生产力。

管理的内容具有二重性,一是"指挥"职能,也就是对生产力的组织职能。它的基础是自然规律,没有阶级性和社会性;二是"监督"职能,它的基础是经济制度和生产关系,具有阶级性和社会性。要发挥管理职能必须合理地组织生产力,不断提高生产力水平,正确处理生产、流通中人与人的关系,使生产关系适应生产力发展的状况。因此,只有管理资源运用得当,一般资源才能得到经济合理的使用。开发管理资源,就可以在一般资源不变的情况下,取得更大的经济效益,从而使管理转化为社会财富。

创业者在创业中需要清晰把握自身寻找客户的依据、应对变化的能力、确保企业运营所需的途径及方式、让企业内部能有效地按照最初设想运转起来的实力及机制设计。

3. 市场资源

市场资源是指创业者所控制或拥有的与市场密切相关的资源要素。包括营销网络与客户资源、行业经验资源、人脉关系。

创业者在创业中需了解自身进入目标行业的优势、目标行业的特点、目标行业的盈利模式、自身是否具备起码的商业人脉、自身未来的市场和客户定位以及产品的可能销售途径。

4. 政策资源

社会政策资源,就是满足政府实施社会政策所需要的人力、物力和财力。在创业中政策资源起到"助推器"或"孵化器"的作用,推动创业进程,比如某些准入政策、鼓励政策、扶持政策或者优惠等等。

5. 信息资源

信息资源是企业生产及管理过程中所涉及到的一切文件、资料、图表和数据等信息的总称。它涉及到企业生产和经营活动过程中所产生、获取、处理、存储、传输和使用的一切信息资源，贯穿于企业管理的全过程。

创业者需在获取的相关信息资源的基础上进行决策，创业者需要判断做出决策需要的信息，以及获取创业资源的信息来源。

6. 科技资源

科技资源是指从事科技活动的人力、物力、财力以及组织、管理、信息等软、硬要素的总称。它为科技活动提供了物质保障，也为科技管理、决策和科学研究提供了基本条件保障，是国家重要的战略资源。

创业者需要明确所创企业的核心竞争力，为社会提供的产品和服务类型。

(二) 基于创业时期资源的重要性分为人力和技术资源、财务资源、生产经营性资源

创业时期的资源就其重要性来说，分别有以下的细分：组织资源、人力资源、物质资源。由于企业新创，组织资源无疑是三类中较为薄弱的部分；而人力资源为创业时期中最为关键的因素，创业者及其团队的洞察力、知识、能力、经验及社会关系影响到整个创业过程的开始与成功；同时，在企业新创时期，专门的知识技能往往掌握在创业者等少数人手中，因而此时的技术资源在事实上和人力资源紧密结合，并且上述两种资源可能成为企业竞争优势的重要来源。在物资资源中，创业时期的资源最初主要为财务资源和少量的厂房、设备等。从而，细分后的创业资源经过重新归纳，主要为以下几种：①人力和技术资源，包括创业者及其团队的能力、经验、社会关系及其掌握的关键技术等；②财务资源即以货币形式存在的资源；③其他生产经营性资源，即在企业新创过程中所需的厂房、设施、原材料等，详见图6-2所示。

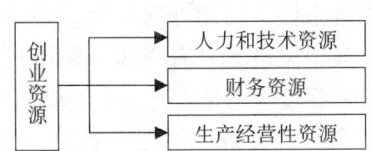

图6-2 基于创业时期资源的重要性创业资源细分概念模型图

(三) 基于资源基础论分为核心资源与非核心资源

根据资源基础论，创业资源可分为核心资源与非核心资源。识别核心资源，立足核心资源，发挥非核心资源的辐射作用，实现创业资源的最优组合，这就是创业资源运用机制的基本思路。

核心资源主要包括技术、管理和人力资源。这几类资源涉及创业企业有别于其他企业的核心竞争力，是创业机会识别、机会筛选和机会运用几大阶段的主线。必须以这几类要素资源为基点，扩展创业企业发展外延。人力资源对于企业来说，主要是一种知识财富，是企业创新的源泉。高素质人才的获取和开发是现代企业可持续发展的关键。管理资源又可理解为创业者资源。创业者自身素质对创业企业的成长有至关重要的作用。创业者的个性，对机遇的识别和把握，对其他资源的整合能力，都直接影响创业成败。科技资源是一种积极的机会资源。对于新创企业来说，主动引进和寻找有商业价值的科技成果，是企业的立身之本和市

场竞争之源。

非核心资源主要包括资金、场地和环境资源。如何有效地吸收资金资源，并保持稳定的资金周转率，实现预期盈利目标，是创业成功与否的瓶颈课题。场地资源指的是高科技企业用于研发、生产、经营的场所。良好的场地资源能够为企业大幅度降低运营成本，提供便利的生产经营环境，短期内累积更多的顾客或质优价廉的供应商。而环境资源作为一种外围资源影响着创业企业发展。例如，信息资源可以提供给创业者优厚的场地资金、管理团队等关键资源，文化资源可以促进管理资源的持续发展，等等。

（四）基于资源来源分为自有资源和外部资源

以上所有的资源，或者属于自有资源，或者属于外部资源。

自有资源是来自内部积累，是创业者自身所拥有的可用于创业的资源，如创业者自身拥有的可用于创业的自有资金、自己拥有的技术、自己所获得的创业机会信息、自建的营销网络、控制的物质资源或管理才能等等，甚至在有的时候，创业者所发现的创业机会就是其所拥有的唯一创业资源。

外部资源可以包括例如朋友、亲戚、商务伙伴或其他投资者、投资人资金，或者包括借到的人、空间、设备或其他原材料（有时是由客户或供应商免费或廉价提供的），或通过提供未来服务、机会等换取到的，有些还可能是社会团体或政府资助的管理帮助计划。外部资源更多的来自于外部机会发现，而外部机会发现在创业初期起着决定性作用。创业者在开始创业的时期面临的一个重要问题即资源不足和资源供给。一方面，企业的创新和成长必须消耗大量资源；另一方面，企业自身还很弱小，无法实现资源自我积累和增殖。所以，企业只有识别机会，从外部获取到充足的创业资源，才能实现快速成长，这也是创业资源有别于一般企业资源的独特之处。对创业者来说，运用外部资源，是一种非常重要的方法，在企业的创立和早期成长阶段尤其如此。其中关键是具有资源的使用权并能控制或影响资源部署。

自有资源的拥有状况将在很大程度上影响甚至决定创业企业获取外部资源的结果。创业者首先致力于扩大、提升自有资源。自有资源的拥有状况（特别是技术和人力资源）可以帮助我们获得和运用外部资源。

三、创业资源与创业过程的关系

从创业过程来看，我们首先将创业过程分为两个组成部分，企业创立之前的机会识别，以及创立之后的企业成长过程。

机会识别与创业资源密不可分。从直观的含义上看，机会识别是要分析、考察、评价可能的潜在创业机会。机会识别的实质是创业者判断是否能够获取足够的资源来支持可能的创业活动。机会识别的主观色彩较浓，由于个性特质的不同，不同的人在如何识别机会上存在种种差异。既然机会识别与人的主观特质密不可分，而人的特质在很大程度上属于天生的成分，很难改变，那么我们是否无法改善这种状况呢？如果从资源这一角度看待，创业机会的识别就是把落脚点落在创业资源的获取上，而创业资源的获取需要特定的技术和思维分析方式。从这一角度来看，通过创业教育、创业实践等等，我们是能够通过后天的办法提高这些能力的。

从创立之后的企业成长过程来看，创业资源对创业成长具有重要的支持作用。在创业过程中,创业者的工作重点应当放在如何有效地吸收更多的创业资源并且进一步整合成企业的竞争优势上。资源整合对于创业过程的促进作用是通过创业战略的制定和实施来实现的。对于任何一个企业来说,战略定位不清晰、核心资源不明确是其发展的主要障碍,所以有效的资源整合,能够帮助创业者重新认识企业的竞争优势,制定切实可行的创业战略,为新创企业的成长打下良好的基础。一方面,战略的制定和实施需要一定的资源予以支持,只有拥有充分的资源,战略才有制定和实施的基础,因此,新创企业所拥有的创业资源越丰富,创业战略也越有保障;另一方面,创业资源还可以适时校正企业的战略方向,帮助新创企业选择正确的创业战略,因此,企业获取的创业资源越多,对创业战略的实施也越有利。

根据上述分析,创业资源与创业过程之间的关系如图6-3所示。

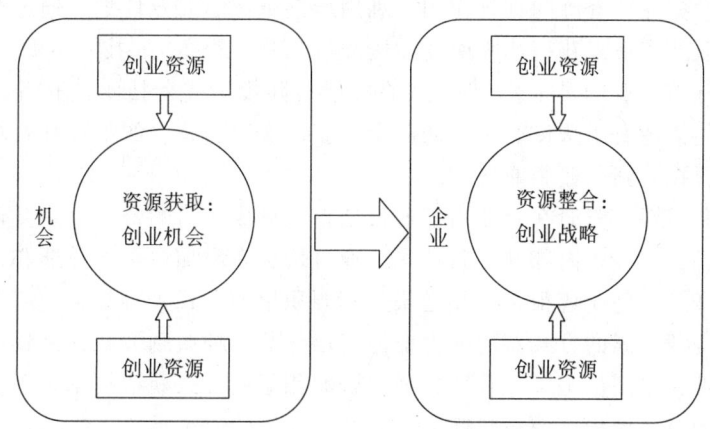

图6-3 创业资源与创业过程之间的关系

四、创业资源获取途径

获取创业资源的途径分为市场途径和非市场途径两大类。当创业所需要的资源有活跃的市场,或者有类似的可比资源进行交易时,可以采用市场交易的途径;其他情况下则可以采用非市场交易的途径。

(一) 通过市场交易途径获取资源

通过市场途径获取资源的方式包括购买、联盟和并购等。

购买是指利用财务资源通过市场购入的方式获取外部资源,主要包括购买厂房、装置、设备等物质资源,购买专利和技术,聘请有经验的员工等。需要注意的是,诸如知识尤其是隐性知识等资源虽然可能会附着在非知识资源之上,通过购买物质资源(如机器设备等)得到,但很难通过市场直接购买。因此,需要新创企业通过非市场途径去开发或积累。对创业者来说,购买资源可能是其最常用的资源获取方式,大部分资源尤其是物质资源、技术资源、人力资源等,都可以通过从市场上购买的方式得到。

联盟是指通过联合其他组织,对一些难以或无法自己开发的资源实行共同开发。这种方式不仅可汲取显性知识资源,还可汲取隐性知识资源。但联盟的前提是联盟双方的资源和能力互补且有共同的利益,而且能够对资源的价值及其使用达成共识。通过联盟的方式共同研究开发获取技术资源也是创业者经常采用的方式,尤其是对于高科技企业来说,通过与高等院校和研究机构的联盟，可以在不增加设备投入的同时，及时得到企业发展所需要的技术资源，使企业保持可持续发展的后劲。

资源并购是通过股权收购或资产收购，将企业外部资源内部化的一种交易方式。资源并购的前提是并购双方的资源尤其是知识等新资源具有比较高的关联度。并购是一种资本经营方式，通过并购可以帮助创业者缩短进入一个新领域的时间，从而及时把握商机，实现创业目标。

（二）通过非市场途径获取资源

非市场途径获取资源的方式主要有资源吸引和资源积累等。

资源吸引指发挥无形资源的杠杆作用，利用新创企业的商业计划，通过对创业前景的描述，利用创业团队的声誉来获得或吸引物质资源（厂房、设备）、技术资源（专利、技术）、资金和人力资源（有经验的员工）。创业者在接触风险投资或者技术拥有者的过程中，可以通过对创业前景的描述或团队良好声誉的展示，获得资源拥有者的信任和青睐，从而吸引其主动将拥有的资源投入到创业企业之中。

资源积累指利用现有资源在企业内部通过培育，形成所需的资源。主要包括自建企业的厂房、装置、设备，在企业内部开发新技术，通过培训来增加员工的技能和知识，通过企业自我积累获取资金等。创业者很多时候会采用资源积累的方式来筹集企业所需的人力资源或技术资源。通过资源积累的方式获取人力资源可以作为一种激励方式，激发创业团队或企业员工的工作积极性，提高员工工作效率；通过资源积累的方式获取技术资源，则可以在获得核心技术优势的同时，保护好商业机密。

通过市场途径还是非市场途径取得资源，主要依赖于资源在市场的可用性和成本等因素。若快速进入市场能够带来成本优势，则外部购买可能就是获取资源的最佳方式。

创业教育之父蒂蒙斯认为，成功的创业活动必须对机会、创业团队和资源三者进行最适当的匹配，并且，还要随着事业的发展不断进行动态平衡。在创业团队建立以后，就应该设法获得为创业所必需的资源，这样才能顺利实施创业计划，如图6-4所示。

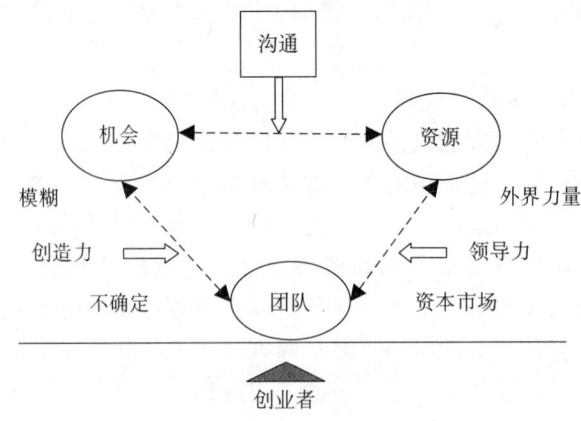

图6-4 蒂蒙斯创业过程模型

为了合理获取资源、利用资源，创业者往往需要制定设计精巧、用资谨慎的创业战略，而创业团队则是实现创业目标的关键组织要素，为此创业者或创业团队必须具有高超的领导力和沟通能力，才能适应市场环境的变化。

创业企业的创立与创业者个人的追求目标、价值观和创业能力是密不可分的，这也成为新创企业最初的战略愿景。对创业企业的企业家而言，需要将企业的战略意图适当地向企业外界表达出来，以此获取企业所需要的资源。因此，在新创企业获取资源、整合资源过程中，如果创业者具备战略领导力，则最容易打动资源所有者。另外，无论是人与人之间还是企业与企业之间的良好感情的建立，都是双方持续不断地顺畅沟通的结果。创业者获取资源、整合资源的过程就是与新创企业内外部的资源供给者充分沟通的过程。在企业外部，创业者需要与外部的投资者、银行、媒体、同行从业者、消费者、供应商等通过沟通建立联系，获得信任，消除利益分歧，争取对方的扶持与帮助，取得共赢的结果；在企业内部，创业者需要通过顺畅沟通，鼓舞士气，吸引人才，留住人才。

第二节 创业融资

一、创业融资概述

融资是指资金的融通。狭义的融资，主要是指资金的融入，也就是通常意义的资金来源，具体是指通过一定的渠道、采用一定的方法、以一定的经济利益付出为代价，从资金持有者手中筹集资金，组织对资金使用者的资金供应，满足资金使用者在经济活动中对资金需要的一种经济行为。广义的融资，不仅包括资金的融入，也包括资金的运用，即包括狭义融资和投资两个方面。

本书中，创业融资是指创业者为了将某种创意转化为商业现实，通过不同渠道、采用不同方式筹集资金以建立企业的过程。创业者应该根据新创企业在不同发展阶段的资本需求特征，结合创业计划以及企业发展战略，合理确定资本结构以及资本需求数量。

对创业者来说，融资的重要性主要表现在以下三个方面。

第一，资金是企业的血液。资金不仅是企业生产经营过程的起点，更是企业生存发展的基础。资金链的断裂是企业致命的威胁。

第二，合理融资有利于降低创业风险。创业企业使用的资金，是从各种渠道借来的资金，都具有一定的资金成本。因此，合理选择融资渠道和融资方式，有利于降低资金成本，将创业企业的财务风险控制在一定范围之内。

第三，科学的融资决策有利于企业可持续发展，为创业企业植入"健康的基因"，保证创业企业可持续发展。

但是许多调查显示，缺少创业所需资金及创业资金筹集困难是创业者面临的最大挑战。创业融资难的主要原因是创业企业的不确定性大、企业和资金提供者之间的信息不对称、资本市场欠发达、创业企业缺少相应的抵押和担保、单位融资成本较高、资金安全性难以评估、人力资本定价困难等。

二、创业企业的融资渠道

融资渠道是指企业筹集资本来源的方向与通道，体现资本的源泉和流量。融资渠道主要由社会资本的提供者及数量分布决定。目前我国创业融资渠道主要包括私人资本融资、机构融资、风险投资、政府扶持基金、知识产权融资。

（一）私人资本融资

私人资本融资包括创业者个人积蓄、亲友资金、天使投资等。其中天使投资（Angel Investor）指个人出资协助具有专门技术或独特概念而缺少自有资金的创业家进行创业，并承担创业中的高风险和享受创业成功后的高收益；或者说是自由投资者或非正式风险投资机构对原创项目构思或小型初创企业进行的前期投资，是一种非组织化的创业投资形式。天使资本主要有三个来源：曾经的创业者、传统意义上的富翁、大型高科技公司或跨国公司的高级管理者。在部分经济发展良好的国家中，政府也扮演了天使投资人的角色。

（二）机构融资

和私人资金相比，机构拥有的资金数量较大，挑选投资对象的程序比较正规，获得机构融资一般会提升企业的社会地位。机构融资的途径有银行贷款、非银行金融机构贷款、交易信贷和租赁、从其他企业融资等。

银行贷款的主要形式有抵押贷款、担保贷款、信用卡透支贷款、政府无偿贷款担保、中小企业间互助机构贷款等各种形式，但比较适合创业者的银行贷款主要有抵押贷款和担保贷款两种，缺乏经营历史从而也缺乏信用积累的创业者，比较难以获得银行的信用贷款。

非银行金融机构指以发行股票和债券、接受信用委托、提供保险等形式筹集资金，并将所筹集资金运用于长期性投资的金融机构。根据法律规定，非银行金融机构包括经中国银监会批准设立的信托公司、企业集团财务公司、金融租赁公司、汽车金融公司、货币经纪公司、境外非银行金融机构驻华代表处、农村和城市信用合作社、典当行、保险公司、小额贷款公司等机构。创业者可以从这些非银行金融机构取得借款，筹集生产经营所需资金。

交易信贷指企业在正常的经营活动和商品交易中由于延期付款或预收货款所形成的企业间常见的信贷关系。企业在筹办期以及生产经营过程中，均可以通过商业信用的方式筹集部分资金。创业者也可以通过融资租赁的方式筹集购置设备等长期性资产所急需的资金。融资租赁是指实质上转移与资产所有权有关的全部或绝大部分风险和报酬的租赁。由于其融资与融物相结合的特点，出现问题时租赁公司可以回收处理租赁物，因而在办理融资时对企业资信和担保的要求不高，所以非常适合中小企业融资。

另外，还可以从其他企业融资。尽管在大多数情况下，企业是资金的需求者而不是提供者，但是对于不同行业的企业，或者在企业发展的不同时期，部分企业还是会有暂时的限制资金可以对外提供，尤其是一些从事公用事业业务的企业，或者已经发展到成熟期的企业，现金流一般会比较充足，甚至会有大量资金需要通过对外投资的方式实现较高收益。对于有限制资金的企业，创业者既可以吸收其资金作为股权资本，也可以向这些企业借款，形成债权资本。

(三) 风险投资

根据美国风险投资协会的定义,风险投资是指职业金融家投入到新兴的、迅速发展的、有巨大竞争潜力的企业中的股权资本。在我国,对于风险投资尚未形成统一的看法,比较普遍的观点是:风险投资是由专业机构提供的投资于极具增长潜力的创业企业并参与管理的权益资本。从定义上可以看出,中美关于风险投资的界定有所不同,其投资对象也有一定的差别。这是因为中国是一个发展中国家,很多行业方兴未艾,所以传统行业,像零售、农产品之类的,虽然没有技术含量但拥有一个广阔的、快速发展的市场使得这些传统行业的市场增长速度和回报率并不低于高科技行业,所以,中国的风险投资不仅投资高科技项目,也对传统领域,如教育、医疗保险等项目感兴趣。

(四) 政府扶持基金

创业者还可以利用政府扶持政策,从政府方面获得融资支持。政府的资金支持一般能占到中小企业外来资金的10%左右,资金支持方式主要包括税收优惠、财政补贴、贷款援助、风险投资和开辟直接融资渠道等。随着我国经济实力的增强,由政府提供的扶持基金也在逐步增加。如专门针对科技型中小企业的技术创新基金,专门为中小企业"走出去"准备的中小企业国际市场开拓资金等,还有众多的地方性优惠政策。创业者应善于利用相关政策的扶持,以达到事半功倍的效果。

(五) 知识产权融资

知识产权融资也是值得创业者关注的融资方式,在国内外已有诸多成功案例。知识产权融资可以采用知识产权作价入股、知识产权抵押贷款、知识产权信托、知识产权资产证券化等方式。

三、创业融资决策

筹集创业资金时,创业者应在自己能够接受的风险基础上,遵循既定的原则,尽可能以较低的成本及时足额获得创业资金。按融资方式,创业融资可分为股权融资和债权融资。股权融资形成企业的股权资本,也称权益资本、自由资本,是企业依法取得并长期持有,可自主调配运用的资金。广义上的股权融资包括内部股权融资和外部股权融资。内部股权融资主要是企业的内部积累。外部股权融资的方式包括个人储蓄亲友投入、合伙人资金和天使投资等。债权融资形成企业的债务资本,也称借入资本,是企业依法取得并依约运用、按期偿还的资本。向亲友借款、向银行借款、向非银行类金融机构借款、交易信贷和租赁、向其他企业借款等都是常用的债权融资方式。

股权融资和债权融资各有优缺点,如表6-1所示。

表6-1 股权融资与债权融资的比较

比较项目	股权融资	债权融资
本金	永久性,保证企业最低的资金需求	到期归还本金
资金成本	根据企业经营情况变动,相对较高	事先约定固定金额的利息,资金成本较低

续表

比较项目	股权融资	债权融资
风险承担	低风险	高风险
企业控制权	按比例或约定享有，分散企业控制权	企业控制权得到维护
资金使用限制	限制条款少	限制条款多

资料来源：李家华．创业基础．第2版．北京：清华大学出版社，2015．

在进行创业融资决策时除了考虑不同融资方式的优缺点、融资成本的高低外，还要考虑创业企业所处的生命周期阶段、创业企业自身的类型。新企业类型和融资方式的关系，如表6-2所示。

表6-2　　　　　　　　　　创业融资决策应考虑的问题

创业企业类型	新创企业特征	融资方式
高风险、预期收益不确定	弱小的现金流；高负债率；低、中等成长；未经证明的管理层	个人积蓄、亲友款项
低风险、预期收益易预测	一般是传统行业；强大的现金流；低负债率；优秀的管理层；良好的资产负债表	债权融资
高风险、预期收益较高	独特的商业创意；高成长；得到证明的管理层	股权融资

资料来源：布鲁斯·R·巴林格，R·杜安·爱尔兰创业管理：成功创建新企业．杨俊，薛红志，等译　北京：机械工业出版社，2010：171．

四、创业项目价值评估

价值评估是对一个投资项目或一家公司在特定阶段价值的判断。了解创业项目的估值有利于创业者站在客观的角度进行项目筛选和决策，有助于对项目进行长期的战略规划。创业者在进行项目融资时，估值是其与投资人沟通谈判的基础，是决定融资规模、融资成本及创业公司股权结构等重要事项的基本依据。

（一）创业项目的估值方法

传统的估值方法主要分为两类：绝对估值法和相对估值法。就大多数创业项目来说，这些估值方法同样适用。对于新兴的互联网创业项目，人们还经常使用P/GMV等方法进行估值。

1. 绝对估值法

这一方法假设创业项目的价值来源于未来的现金流，将未来一笔笔的现金流分别按照不同的比率折回到当前，再进行加总，即得出公司或项目的价值。其中，最典型的方法为现金流贴现法，即将公司未来特定期间内的预期现金流量用适当的折现率还原为当前现值。计算公式为：

$$V = \sum_{t=1}^{n} \frac{CF_t}{(1+r)^t}$$

式中：

V——公司（项目）的估值；

n——公司（项目）的寿命；

CFt——公司（项目）在 t 时刻产生的现金流；

r——预期现金流的折现率。

从上述公式可以看出，该方法涉及两个基本的变量：现金流和折现率。使用该方法，首先要对现金流做出合理的预测。在评估中要综合考虑影响公司经营的各种因素，以对未来现金流做出合理预测。其次是选择合适的折现率，这主要是靠评估人员对项目未来风险的判断。由于初创公司的现金流有很大的不确定性，因此其折现率比成熟公司要高得多。寻求种子资金的初创公司，折现率大多定在 50%~100%。对早期的创业公司，折现率通常设为 40%~60%。对晚期创业公司，折现率通常定在 30%~50%。对比起来，有多年经营记录的公司，折现率通常定为 10%~25%。现金流贴现方法比较适用于运作成熟、偏后期的非上市公司或上市公司，对于创业项目适用度不高。

【例 6-1】假设某大学生因在烹饪方面有一技之长，准备开设一家饺子店进行创业。饺子店的市场营销计划通过互联网进行，条件成熟时向连锁店发展。创业者预计开业后 5 年的净现金流分别为 10 万元、20 万元、40 万元、80 万元和 200 万元。5 年后，以 500 万元的价格将饺子店转让他人。如果选取折现率为 50%，那么，按现金流贴现法如何对该创业项目进行估值？

计算过程很简单。将数据代入上面的计算公式，创业项目的价值为该项目未来各年现金流的折现值之和，即：

$$V = 10/(1+50\%) + 20/(1+50\%)^2 + 40/(1+50\%)^3 + 80/(1+50\%)^4 + 200/(1+50\%)^5 + 500/(1+50\%)^5 = 135.39(万元)$$

创业项目的大致价值为 135 万元，如果投资人投资 30 万元，创业项目出让的股份约为 22%。

2. 相对估值法

这一方法又称为可比公司法，即利用类似公司的市场价值来对目标公司（项目）估值。这种方法是假设存在一个支配公司价值的主要变量，而公司的价值与该变量的比值对各公司而言是类似的、可比较的。因此，可以在市场上选择一个或几个跟被评估项目类似的公司，在分析比较的基础上，确定被评估项目的市场价值。实践中，最常用的相对价值法有市盈率法和市销率法两种。

（1）市盈率（P/E）法。P/E 法是比较常见的一种相对估值方法。使用该方法共有两个步骤：首先是挑选与创业项目同一行业中可比或可参照的上市公司，以这些公司的股价与财务数据为依据，计算出市盈率；其次用此市盈率作为市场价格乘数来估算创业项目的价值。

市盈率 P/E = 每股价格/每股收益 = 公司价值/公司净利润

创业项目价值 = 市盈率 × 创业项目未来 1 年的净利润

市盈率估值方法涉及两个变量：市盈率和项目未来 1 年的净利润。项目未来 1 年的利润可通过财务预测进行估算，市盈率可参考目前已上市的同行业公司，用同行业公司的平均市盈率作为评估基准。由于创业项目为初创企业，失败几率较高，而且股权不易变现，因此在估值时一般要在同行业上市公司平均市盈率的基础上打一定的折扣。

【例 6-2】还以例 6-1 大学生开设饺子店为例，创业者预计下一年度的净利润为 10 万元。对于市盈率，我们选取 5 家食品类上市公司，计算出同行业平均市盈率为 30.6 倍，在此基础上打 5 折即为 15.3 倍。因此，按市盈率法估值，创业项目的大致价值即 153 万元（10 万元×15.3），如果投资人投资 30 万元，创业项目出让的股份大约为 19.6%。食品类上市公司平均市盈率如表 6－3 所示。

表 6－3　　　　　　　　　　食品类上市公司平均市盈率

食品类上市公司	三全食品	加加食品	恰恰食品	双汇发展	承德露露	平均水平
市盈率水平	50	40	25	18	20	30.6

数据截取时间：2016 年 9 月 29 日

（2）市销率（P/S）法。对于有收入但是没有利润的公司，用 P/E 进行估值意义不大。比如，有很多初创公司成立多年也未能实现利润，那么可以考虑用 P/S（公司价值/主营业务收入）法来进行估值，大致步骤跟 P/E 法一样。

市销率 P/S = 公司价值/主营业务收入

创业项目价值 = 市销率×创业项目未来 1 年的销售收入

【例 6－3】同样以上述案例进行分析。大学生开设饺子店，由于原材料猪肉价格波动非常大，创业者并不确定未来能否盈利。但是按照其制作的食品价格以及目前每天卖出的数量，可以大体估算出年度销售收入。假设每天可以卖出 200 盘水饺，平均每盘 10 元，每年按 360 天计算，则预计年销售收入约为 200×10×360 = 72（万元）。

选取市场中具有代表意义的食品类上市公司，经计算市销率平均为 3.4 倍。按其 5 折对创业项目估值，则创业项目的价值为：3.4×0.5×72 = 122.4（万元）。如果投资人出资 30 万元，创业项目出让的股份大约为 24.5%。食品类上市公司平均市销率如表 6－4 所示。

表 6－4　　　　　　　　　　食品类上市公司平均市销率

食品类上市公司	三全食品	加加食品	恰恰食品	双汇发展	承德露露	平均水平
市销率水平	2.18	5.38	3.33	1.51	4.59	3.4

数据截取时间：2016 年 9 月 29 日

3. P/GMV 法

对于新兴的互联网创业项目，由于在商业模式上与传统企业具有重大差异，目前学术界并未有"教科书"式的标准估值方法。一些风险投资人以及金融机构根据互联网企业的特点，运用相对估值法的原理提出了一些针对互联网企业的估值方法，P/GMV 法就是其中较为流行的一个。这里，P 代表公司的价值，GMV（Gross Merchandise Volume）代表公司的实际交易流水，GMV = 1 销售额 + 2 取消订单金额 + 3 拒收订单金额 + 4 退货订单金额。由于 GMV 代表交易流水，只要用户下了订单，生成订单号，就可以经计算进入 GMV。

【例 6－4】假设某大学生经调查发现，大学校园内很多学生不愿意自己去买饭，"代跑腿"业务存在需求。因此，他联合几个志同道合的同学发起了一个小创业项目，通过网页、APP 等方式下单，为附近的几所大学（简称"大学城"）学生提供送餐服务。经过一年的发展，业务初具规模，服务范围对大学城形成了全覆盖。为了进一步扩大业务，他们将目光对准了一些上班族集中的白领公寓。为开发这一市场，现考虑向投资人进行融资。

使用 P/GMV 对该项目估值如下。

第一步：数据显示目前该创业项目在大学城范围内平均每天的销售额约为 6 000 元，取消订单额约为 100 元，拒收订单金额为 100 元，退货订单额约为 100 元，因此该项目平均每天的 GMV 为 6 300 元，按照每个月 30 天，一年 9 个月（排除放假时间）来计算，在过去一年的 GMV 约为 6 300×30×9 = 1 701 000（元）。

第二步：选取具有代表性的互联网企业，计算其 P/GMV 的平均值（或中位数）作为估值参考，假设通过计算 P/GMV 的平均值（中位数）为 0.65。

第三步：该创业项目的估值约为 1 701 000×0.65 = 1 105 650（元）。对于项目投资人来说，按照 P/GMV 法对该创业项目的估值约为 110.57 万元。

五、创业所需资金测算

（一）测算创业资金需求的必要性

资金是创业项目发展的血液，无论是项目的最初设立、日常运营以及发展壮大都需要大量的资金作为保障。因此，资金需求是创业者需要思考的重要问题。就创业项目而言，资金需求主要包括启动资金需求和日常经营的流动资金需求。

（二）启动资金需求测算

创业项目开办时要有必要的投资和支付各种必要的费用，包括支付场地（土地和建筑）、办公家具、机器、设备、原材料、商品库存、营业执照、开业前广告及促销费、水电费等，这些费用汇总起来就构成了启动资金。

【例 6-5】某大学生毕业后和两个同学一起创业，创业项目定为制作一款用于宣传住房装修的中介微信公众号，通过此微信公众号帮助用户寻找适合的装修公司。该创业项目的启动资金测算如表 6-5 所示。

表 6-5　　　　　　　　　　　创业项目启动资金测算

项目	具体	需求资金测算（元）
项目用地	租房（平均每月 2 000 元，预付 6 个月）	2 000×6 = 12 000
设备	办公电脑（平均每人 3 000 元）	3 000×3 = 9 000
	办公桌等设施（平均每人 1 000 元）	1 000×3 = 3 000
费用	微信公众号宣传费用，每个小区 200 份传单，前期目标覆盖 10 个小区	10 000
	微信公众号的开发费用	20 000
合计		54 000

如表 6-5 测算，该项目若要启动，启动资金预计需要 5.4 万元。

（三）流动资金的需求测算

1. 传统盈利类项目：销售比例法

企业设立后，其正常运转需要一定的流动资金，用来购买原材料，支付人工工资以及销售费用、管理费用等，这些资金称为流动资金。若流动资金周转不灵，会导致项目夭折。因此，创业者必须对流动资金的需求进行测算，预防资金链断裂。

对于传统类企业或项目,资金需求量的测算一般使用销售比例法。它以销售额为分母,将受销售变动影响敏感的项目与之比较,得出一个百分比,并以此为基础预测销售额变化带来的资金需求变化。在实际应用中,企业往往根据历史资料、经验或者是同业数据,从中选出敏感项目,并计算这些项目占销售额的百分比,然后以此为基础编制预计的财务报表,再推算出实际的资金需求量。以下举例说明销售比例法。

【例 6-6】某纺织专业大学生毕业后设立一家面向婴儿市场的精纺公司,项目已经运转 1 年并且保持盈利。2015 年销售收入为 100 万元,目前尚有剩余生产力,即不需增加固定资产仍能增加产销量。

2016 年,项目计划增加产量,扩大销售。假设企业的净利润率为 10%,收益留存率为 30%。如果 2016 年的销售收入要增加 50%,项目需要多少流动资金。2016 年该项目实际资金需求量预测如下所述。

第一步:根据该项目 2015 的数据资料,确定与销售额成比例变化的敏感项目,并计算出这些项目占销售额的百分比(如表 6-6 所示)。

表 6-6　项目 2015 年资产、权益占销售额比重表

资产	金额(万元)	占销售比例(%)	负债+权益	金额(万元)	占销售比例(%)
现金	5	5	短期借款	10	不变
应收账款	25	25	应付账款	20	20
存货	40	40	应付费用	10	10
固定资产	80	不变	实收资本	90	不变
			留存收益	20	不变
合计	150	70		150	30

第二步:根据预计销售额增加量,计算敏感项目变化引起的资金需求量的变化,具体测算如下:

预计销售额增加量 = 100 × 50% = 50(万元)

敏感资产变动引起的资金需求 = 50 × 70% = 35(万元)——资金占用增加量

敏感负债和权益变动引起的资金需求 = 50 × 30% = 15(万元)——资金来源增量

第三步:计算项目实际资金总需求量

项目实际资金需求量 = 资金占用增量 - 资金来源增量 = 35 - 15 = 20(万元)

第四步:根据收益留存比例,扣除内部收益留存,确定外部资金需求

内部收益留存 = 预期销售收入 × 销售净利润率 × 收益留存比率 = 4.5(万元)

所以,因销售量增加,项目实际内部可实现资金 4.5 万元,因此

外部的资金需求量 = 20 - 4.5 = 15.5(万元)

通过上述计算,该项目 2016 年若想按计划实现销售 50% 的增长,则需要增加的流动资金量大约为 15.5 万元。

2. 不产生现金流的项目:费用法

伴随着新兴的商业模式不断涌现,很多创业项目并不像传统类的项目在运行之后即可获

得营业收入。一些以赚取客户流量为目的的创业项目在项目运行初期甚至很长一段时间，主要靠"烧钱"的模式来吸引客户关注。在积累了大量的流量客户并形成一定的黏性之后，再推出付费项目以求盈利。典型的成功案例如腾讯公司，创业早期以构建并不盈利的聊天平台"QQ"为主，在积累的大量用户并形成强烈的黏性之后，再推出付费项目。

目前，很多"互联网+"的创业项目也是按照"烧钱"的商业模式进行运转，如"滴滴打车"，"真人直播平台"等。该类创业项目由于短期并不盈利，而是靠大量的资金投入支撑项目运转，因此不能使用传统的销售比例法对资金需求量进行测算，而是主要通过预测项目运营费用来大致估算资金需求。

【例6-7】沿用【例6-5】三名大学生利用微信公众号作为房产装修中介的案例，假设在启动资金完成之后，项目开始运营。如果前期运营的主要目的是积攒客户流量，覆盖尽可能多的小区以及装修公司，但不对客户和装修公司收取任何的中介费用，其运营一年将需要多少运营资金呢？

以下主要按项目预计运营费用进行测算（如表6-7所示）。

表6-7 创业项目需求资金测算

项目	具体	需求资金测算（元）
项目用地	租房	2 000 × 12 = 24 000
设备	增加一台办公电脑	3 000
	增加一张办公桌	1 000
其他费用	新增10个小区的宣传覆盖	10 000
	新增20家装修公司的覆盖	10 000
	在58同城等相关网站进行广告宣传	20 000
	水电费	150 × 12 = 1 800
	4名员工（含3个创始人）的工资（平均每人每月4 000元）	4 000 × 4 × 12 = 192 000
合计		261 800

从表6-7可知，若要扩大微信公众号服务的小区以及装修公司数量，运营一年的资金需求约为261 800元。当微信公众号客户流量积累到一定数量之后，可以尝试针对用户或者装修公司收取一定的中介费用作为收入来源，或者在微信公众号中植入广告收取广告费用。

【例6-8】某游戏直播平台项目的运营模式为：邀请游戏主播在平台进行游戏直播，观众对于一些表现优异的游戏主播通过礼物的形式进行打赏，收入主要来自观众对游戏主播打赏的分成。在这类项目运行初期，为了吸引更多的关注，平台往往需要请一些知名的游戏主播吸引人气和粉丝。而观众和粉丝形成对平台的黏性之前，往往不愿意购买礼物，只是免费观看，因此该类项目在运行前几年很难有收入产生，项目的资金需求主要是看项目的预计运营费用。

直播平台主要费用测算如表6-8所示。

根据表6-8测算，对于一个需要形成一定规模（付费主播达到30人以上）的游戏直播平台，在不考虑收入的情况下，维持平台运转一年的资金需求约为2 000万元。

表 6-8　　　　　　　　　　　　直播平台费用测算表

项目		数量	年支付费用（万元）	预算费用（万元）
主播费用	顶级主播	5	100	500
	知名主播	10	50	500
	一般主播	20	10	200
平台促销广告费用			200	200
平台员工工资		10	15	150
租金成本			100	100
宽带费用			300	300
其他：水电、办公、交通等			50	50
合计				2 000

第七章

创业计划书

第一节 什么是创业计划

  创业计划是详述创业者描绘创业构想的文件，是一份全面说明创业构想及实施这个创业构想的说明书。通常创业计划是市场营销、财务、生产、人力资源等职能计划的综合。它包括以下 5 方面的内容：企业简介及发展规划，企业成本管理，企业营销计划，企业融资计划，企业预期收益。

  创业计划是以企业的最终运营为导向。因此，不仅要写一份有价值的创业计划书，要应该将创业计划最终变成一个成功的企业。

第二节 创业计划的益处

一、创业计划明确了创业的目标和方向

  无论是创建一家无成本的虚拟企业还是创建一家投资百万的实体企业，创业计划都是必不可少的工具。创业计划可以促使创业者进行反思，帮助创业者理清每一个问题；产品或服务是什么？经营成本是多少？怎样对产品和服务收费？销售的目标客户是谁？怎样销售产品和服务？预先想好这些问题可以使创业者更加清醒的认识创业过程中将面临各种困难，对创

业的目标和方向更加明确，使创业的前景更加明朗。

二、创业计划有助于创业融资的有效实施

创业计划书是完整的创业构想的系统性文件，是全方位展示创业项目现状、发展潜力的详细材料，是创业项目拥有良好融资能力、实现全方位发展的系统说明。对于资金需求迫切的创业者来说，一份完备的创业计划对融资成功至关重要。金融机构和投资者希望看到的是创业者认真思考将如何运营企业以获取盈利，资金使用状况是怎么样的，财务规划是否真实、可行等。面对深思熟虑、全面详尽的创业计划，投资者一定会动心，实现投资。

三、创业计划是内外部有效沟通的关键

创业计划将企业的发展潜力、发展机会等以一种明确的、有效的方式展现出来，发挥着强大的与人沟通的作用。创业计划的沟通对象是企业内外部的利益相关者。对企业内部来说，一方面是管理者的行动纲领；另一方面可以是全体员工了解企业的经营目标和发展方向，激励他们为共同的发展目标而努力工作。对企业外部来说，可以帮助创业者把创业计划传递给潜在投资者、金融机构、上游供应商、下游经销商，以及政府职能部门、新闻媒体和行业专家学者。如本企业的产品质量优异、供货及时、价格合理、收益巨大等，使创业计划书的各方面使用者相信，该企业不仅是行业中的有力竞争者，而且将来有可能发展成为行业中的领导者，因此，创业计划是有效的沟通工具。

四、创业计划是开展创业活动的运营指南

创业计划书是指导创业活动运营的一项重要工具，创业计划不仅包括创业的战略规划，也包括发展战略等。创业计划书不仅要告诉创业者做什么，也告诉创业者怎么做，分哪些步骤，几个部分，采取什么措施等。此外，在不断完善创业计划的过程中，使得创业项目的背景、使命、目标更加清晰，因此，创业计划是获得政府政策和资金支持的依据。

五、一份好的创业计划更能得到政府的支持

新创企业，尤其是一些科技型中小企业、微型企业，我国政策与资金对其支持力度很大。创业计划是进入创业科技园的必要工具，当企业成长到一定阶段、符合规定标准后，还可以得到国家和地方各级政府的税收无息贷款，资金无偿支持等。一份完善的创业计划是获得政府政策和资金支持的通行证。

第三节　如何精心构思创业计划

一、明确创业计划书的读者

获取资源是编写创业计划书的主要目的，因此，为了获取不同的资源，创业计划书相对

应的读者也应有区别。一般创业计划书的读者主要是掌握资金资源的投资者、具备人才资源属性的合伙人以及制定政策资源的政府机构等。

编写创业计划主要用于面向投资者获取资金，特别是募集资金的风险投资者，因此，我们在本节重点讲解以投资者为读者的创业计划书构思及编写。投资者在阅读一份创业计划书时一般都遵循以下六个步骤，且每个步骤用时不超过一分钟。

步骤1：判断企业特性和行业；
步骤2：判断计划的资本结构，主要是了解负债额或投资需求资产净值；
步骤3：阅读最新资产负债表；
步骤4：判断企业家的才能；
步骤5：确定企业的独特特色，找出本创业项目与众不同之处；
步骤6：快速阅读整个计划，大概翻看整个计划的图、表、例证及计划的其他部分。

二、创业计划书的信息来源和搜集方法

（一）信息来源渠道

1. 政府公开的统计数据

企业在同行业中所处位置数据对于新创企业与同行业相似企业对比评价至关重要，这些数据可以从行业统计年鉴或者政府机构的公开数据中查询获得。数据包括了该行业企业数量、规模产销量、市场占有率、企业利润率等。

2. 市场调查报告

创业者对准备进入的产品或服务市场需求进行调查，对产品或者服务进行市场定位。比如经销某种家装材料，应调查一下市场对这种材料的需求量，有无相同或者类似的产品，市场饱和率是多少。创业者必须了解市场需求趋势，掌握市场对某种产品或服务项目的长期需求走势，了解该产品和服务项目处于生命周明的哪个历史阶段。是逐渐被人们认同和接受的种子期，市场前景广阔，还是已经没有发展潜力的成熟期，逐渐被市场淘汰。创业项目的产品或服务从技术和经营两方面的发展趋势怎样，最好撰写系统的市场需求调查报告。

3. 新闻媒体

新闻媒体也是创业者获取信息的渠道，如今随着互联网和数字媒体的迅速发展，创业者无论是通过日常的报纸、杂志还是利用互联网和创业项目的信息搜索和研究，都可以超越国家、地区的界限，从全球各地了解到创业项目相关新的发展趋势，找出有用的商业信息和数据。

4. 咨询机构及业内专家

专业的管理咨询机构和业内专家了解大量创办企业的常见问题，掌握着创业信息获取的高质量渠道，具有解决初创企业疑难问题的丰富经验，能够为创业者的信息获取提供专业化的服务与咨询。创业者可以通过向专业的咨询机构和行业内专家寻求专业帮助与服务，以此来获取有价值的市场信息与发展建议。

（二）信息收集方法

1. 信息直接收集法

（1）问卷调查法。根据调查或收集信息的目的，将需要搜集的信息分为一个个具体的问题集中在一张调查表上，根据被调查者的回答，整理出能反映市场总体信息的一种调查方式。问卷调查是直接收集市场信息最常用的方法，目前在国内外被广泛采用。

问卷调查提供了标准化、统一化的数据收集程序，它使问题的表述用语和提问的程序标准化。每一个应答者看到或听到相同的文字和问题，每一个访问员问完全相同的问题，使所得到的数据具有可比性，一份好的问卷可能有助于收集到质量非常好的市场信息。

（2）面谈访问法。面谈访问法是访问者根据收集信息的提纲直接访问被访问者，当面询问有关问题，既可以是个别面谈，主要通过口头提问；也可以是群体面谈，可通过座谈会等形式进行。

一般个别面谈用于商品需求、购物习惯等；群体面谈是请一些专家就市场价格状况和未来市场走向进行分析和判断。

（3）观察调查法。观察调查法是收集信息的工作人员凭借自己的感官和各种记录工具，深入被调察者现场，在被调察者未察觉的情况下，直接观察和记录被调察者行为，以收集市场信息的一种方法。

2. 网络调研信息法

（1）网上焦点座谈法。是在同一时间随机选择 2~6 位被访问者，弹出邀请信，告知其可以进入一个特定的网络聊天室，讨论对某个事件、产品或服务等的看法和评价。

（2）网络市场调研。网络用户通过 TELNET 或 WEB 方式在电子公告栏发布消息。BBS 上的信息量少，但针对性较强，适合行业性强的企业。

（3）委托市场调查机构调查。企业委托市场调查机构开展市场调查，主要针对企业及其产品的调查。调查内容通常包括：网络浏览者对企业的了解情况；网络浏览者对企业产品的款式、性能、质量、价格等的满意程度，对企业的售后服务的满意程度；网络浏览者对企业产品的意见。

三、创业计划书的编写原则和技巧

（一）编写原则

创业计划书是由创业者准备的一份书面文件，用以描述新创企业提供产品或服务时所有相关的内外部要素、市场情况、财务运作等。创业计划书不仅仅是一种业务构思的策划，也是吸引风险投资的宣传书，更是以后新创企业运作的指导书。为了确保创业计划书能起到一定的作用，创业者在编制创业计划书时应注意以下五个编制原则。

1. 明确性原则

编制创业计划书时一定要考虑到读者是谁，因为不同的读者感兴趣的内容不同，如风险投资者对创业计划书中的市场增长及盈利感兴趣；创业伙伴主要关注产品或服务、市场、盈利及管理团队的运作能力。因此为了引起目标读者的阅读兴趣，创业计划书的编写要明确主题，围绕创业产品或服务展开阐述，避免出现与主题无关的一些内容。

2. 规范性原则

创业计划书的各部分内容应具备连贯性并严格按顺序编排。首先，创业计划书要有索引和目录，以便于读者查阅各个章节；摘要应位于创业计划书的最前面。其次，在具体内容上，产品或服务的描述、行业分析、营销策略、创业团队等应使用管理学专业术语，尽量做到规范化、科学化；财务分析最好采用图表描述，形象直观。此外，还应注意创业计划书的排版和校对，拼写和排印错误很可能使创业者的机会丧失。

3. 协调性原则

由于创业计划书涉及的内容很多，因此，应事先做好计划工作，使写作过程有条不紊地进行。通常是成立一个写作小组，大家分工协作，各负其责最后由组长统一协调定稿，以避免零散、不连贯、文风相异等问题。

4. 真实性原则

在编写创业计划书时，一定要对有关数字以合理方式进行预测。如市场占有率、财务预测分析、投资报酬率等都尽可能做到数字准确，不要过分强调或夸大收益状况与可能的成就，不要依据生产能力来预测消费量，同时对目标消费者市场特性的描述也要有切实的依据。为此，需要首先作好市场调查研究，并引证官方或学术研究机构的客观统计资料。如果已有具体产品原型，应考虑先进行消费者使用测试及取得专家的检验意见，这样有助于提高创业计划书的质量与可信度。另外，还要注意使用资料的时效性，及时更新有关资料数据。

5. 保密性原则

创业计划书是创业者辛勤的劳动成果，其内容往往具有巨大的商业价值，涉及一些技术和商业保密，因此要求目标读者阅读创业计划书后对其内容进行保密是合理的，也是必要的。对于机密内容，尽量不把敏感信息写进创业计划，但要有充分的阐述以令人信服。在创业计划书中处理保密问题有多种办法，如在创业计划书中添加一段保密条款，其内容的多少和复杂程度视情况而异，或者要求读者在一份保密文字上签字等。

（二）编写技巧

根据以上原则，为了使创业计划书得到投资者青睐，创业者需要做到：有个出色的计划摘要，重点关注产品和服务，充分了解竞争对手、自信的管理团队展示及明确的行动方针，具体的表现如下：

（1）出色的计划摘要 创业计划书中的计划摘要十分重要，他必须能让读者有兴趣并渴望得到更多的信息，给读者留下长久的印象。计划摘要将是创业者所写的最后一部分内容，但却是投资者首先要看的内容。计划摘要将从计划中摘录出与筹集资金最相关的细节，包括对公司内部的基本情况、公司的能力以及局限性、公司的竞争对手、营销和财务战略、公司的管理队伍等情况进行简明而生动的概括。如果公司是一本书，它就像是这本书的封面，做得好就可以把投资者吸引住。

（2）重点关注产品或服务 在创业计划书中，创业者应提供所有与企业的产品或服务有关的细节，当然也包括所实施的调查。还要对投资者说明：该产品（服务）现在正处于什么发展阶段；它与其他产品（服务）相比的差异；销售产品（服务）的策略+产品（服务）的目标客户；产品的生产成本及定价；企业开发新产品的计划等。创业计划书的目的不仅是要让投资者相信企业的产品将会在市场上产生大的影响，而且也让投资者相信企业提供的证据是经过充分论证的、可行的。

（3）充分了解竞争对手 在创业计划书中，创业者应该仔细分析竞争对手的情况。要告诉投资者：竞争对手是谁，他们的产品如何，与这些企业的产品相比有哪些相同点和不同点；竞争对手的销售额、利润率及其市场份额。要让投资者相信，本企业将是该行业中一个有力的竞争对手。

(4) 自信的管理团队展示把一个创业计划转变为一个成功的企业,其关键是要有一个强有力的管理团队。投资者深知,一个良好的管理团队对企业的重要性,因此,在创业计划书中要向投资者展示你的创业团队。首先要描述一下管理团队中每位成员的职责,他们将对企业作出什么样的贡献,以及为什么要聘用他们来担任这一角色。

(5) 明确的行动方针再好的计划也要通过行动才能实现。创业计划书中应该明确回答下列问题:企业如何把产品推向市场,如何设计生产,企业生产需要那些原料,怎样得到原料等。

第四节 创业计划的组成部分

一、封面和目录

创业计划书的封面应该是专业、条理、富有吸引力的,一般包括四部分内容:
(1) 有公司名称在内的创业计划书字样;
(2) 公司的标识和宣传口号;
(3) 创业者的姓名及联系方式;
(4) 撰写商业计划书的日期信息。

创业计划书的目录应该足够详细,便于投资者快速找到其希望阅读的内容,但也不需要过分详细,占用计划书的太多页面。

二、执行概述

创业计划书的执行概述必须全面、精练、突出重点,投资者都希望能在计划书中看到一个富有吸引力、反映重点的概述。一般执行概述的编写放在最后,在整个创业计划书完成后才编写,这样在总结措辞时才能与每部分的描述相一致。由于执行概述都是放在计划首位,因此概述如果不能很好地吸引投资者,投资者往往不会继续看下去。所以,概述必须要体现出整个创业计划的质量。

精选的执行概述需要回答;谁将管理新企业?新企业准备干什么?新企业所有的要求是什么?提议中的创业计划如何实施?新企业如何取得成功?执行概述就像个鱼饵,如果写的精彩,投资者将会一直读下去。

三、公司简介

(一) 公司描述

首先,公司需要简要描述行业背景、发展历史,解释目前为止公司已经做了什么,创建公司的动机是什么,公司是那种法律组织形式等。

其次,应该详细描述公司未来发展潜力、竞争优势。

(二) 愿景和使命

每一家公司都有属于自己独特的愿景、使命和文化。公司愿景是描绘公司期望成为什么样子的一幅画面,愿景指明了公司在未来数年想要前进的方向。公司使命比愿景更加具体,指明了一家企业试图参与竞争的一个或多个业务以及所要服务的顾客。而公司文化的形成源于公司所处的环境以及公司所有者奉行、支持的行为方式。公司组织文化包括多项内容,包括风险容忍和创新的规范、以人为本的导向、团队形成结构、关注细节及沟通等。无论你希望建立一个自由思考、积极进取同时有着非正式沟通的组织还是希望建立一个有着明显层级结构和正式沟通的组织,都需要为组织文化建立一系列标准和角色模型。

四、机会分析

(一) 环境分析

创业环境分析是发现创业机会的基础,是进行创业可行性分析的前提。随时变化的环境,能给创业者带来机遇,也能给创业者造成威胁。创业者必须清楚宏观的、微观的、行业的等各种环境因素及其发展趋势,以及对具体行业、企业的影响是限制性的还是促进性的,只有这样,创业者才能抓住机遇,避免严重威胁,成功创业。

创业环境分析的重要作用体现在以下三个方面:

一是通过研究创业环境,以指导创业;二是通过研究创业环境,以规避创业风险,提高创业的成功率;三是通过研究创业环境,以完善社会服务功能,建立有效的创业环境支持体系。

(二) 竞争分析

竞争分析是机会分析的一个重要组成部分,是指将自己的企业与竞争对手进行比较。首先要列出竞争企业的名称,然后从顾客的角度进行比较分析。当然,竞争分析的方法也有很多种,无论采用什么分析方法,你都应该清楚地说明企业的优势、劣势所在以及竞争对手的优势劣势。竞争分析的因素有很多,比如:地理位置、产品选择、质量、经验、价格、财务、员工素质等。一个优秀的创业者,在做竞争分析时,很多会使用到迈克尔·波特的五力竞争分析模型。

五、市场分析

市场分析包括市场证据调查和目标市场细分两部分。市场证据调查,主要是为了证明该创业项目是存在市场机会的。这个证据应该说明市场规模,包括数量和价值两方面。市场上必须存在足够多的顾客。这些顾客愿意去购买该产品或者服务,并且受价格影响因素较小,购买频率也较高。目标市场细分应该是某些具有共同特征的群体,包括人口统计特征、心理、年龄或者地域特征。

六、营销策略

营销策略是对获取顾客、预估销量、商品销售的描述,并运用4p整合营销组合:产品、价格、促销、渠道,以此形成自身的核心竞争力。在制定营销策略的时候一定要依据公司愿景，明确公司的产品或服务为顾客提供的利益是什么。

（一）产品或服务

产品或服务需要满足或创造顾客需求，首先应写明产品的名称、特性、用法，其次要写明对消费者服务的若干承诺。包装也是产品的一部分，你的顾客可能将包装丢弃但是这并不意味着包装不重要。

（二）价格

产品定价较低可以让消费者买得起，产品定价较高可以让公司赚取更多的利润。价格应该反映你的愿景、战略和政策，企业需要根据产品或服务的不同进行正确的定价，例如营销的是奢侈品，那么价格过低将不会向你的目标顾客传递正确的信息。定价策略通常包括质量、信用条款、质量保证的类型和时间、服务以及创新等。此外定价的关键因素之一是要坚持毛利率。定价策略可以归纳为成本导向、需求导向和竞争导向三类。成本导向定价主要是总成本定价法和边际成本定价法，需求导向定价主要考虑需求价格弹性、供求关系和顾客心理。竞争导向定价以市场上相互竞争的同类商品价格为定价基本依据，与竞争商品价格保持一定的比例，而不过多考虑成本及市场需求因素的定价方法。

（三）渠道

渠道是销售和分销产品的通道地点。将产品和服务放在哪里销售才能最吸引顾客呢？炎热的8月份在北京销售羽绒服可能不会满足消费者的需求。如果销售的是奢侈品，应该放在那些高消费顾客常去的商店和网站。也就是应该将销售地点选择在目标客户消费的地点。渠道还包括你选择的销售商以及任何有关的市场的地理概念。

（四）促销

促销是指企业利用各种信息载体与目标市场进行沟通的传播活动，包括广告、人员推销、营业推广与公共关系等。促销的本质是沟通，沟通主要回答五个问题：谁说，说什么，用什么渠道说，对谁说，怎么说。根据促销手段的出发点与作用的不同，可分为两种促销策略，一种是推式策略，即以直接方式，运用人员推销手段，把产品推向销售渠道，其作用过程为，企业的推销员把产品或劳务推荐给批发商，再由批发商推荐给零售商，最后由零售商推荐给最终消费者；另一种是拉式策略，采取间接方式，通过广告和公共宣传等措施吸引最终消费者，使消费者对企业的产品或劳务产生兴趣，从而引起需求，主动去购买商品。其作用路线为，企业将消费者引向零售商，将零售商引向批发商，将批发商引向生产企业。

七、组织管理

潜在投资者寻求管理优良的企业。在他们所考虑的因素中，管理团队的素质是首要的，它甚至比产品或服务更重要。风险投资家的理念是：宁愿向有二流创意的一流团队投资而不向有一流创意的二流团队投资。企业管理的好坏，直接决定了企业经营风险的大小。而高素质的管理人员和良好的组织是管理好企业的重要保证。因此，风险投资家会特别注重对管理队伍的评估。

企业的管理人员应该是互补型的，而且要具有团队精神。一个企业必须具备负责产品设计与开发、市场营销、生产作业管理、企业财务管理等方面的专业人才，在创业计划中，必须要对主要管理人员加以阐明，介绍他们所具有的能力。他们在本企业中的职务和责任，他们过去的详细经历及背景。此外，在这部分创业计划中，还应对公司结构做一些简要介绍。包括：公司的组织结构图；各部门的功能与责任；各部门的负责人及主要成员；公司的报酬体系；公司的股东名单，包括认股权、比例和特权；公司的董事会成员；各位董事的背景资料。

八、财务分析

创业计划的财务部分是创业计划内容的数字化展示。这部分应该使用财务数据展示创业成功的可行性。投资者经常在阅读其他内容之前直接审阅执行总结和财务计划。如果财务数据看起来不错，他们才有可能阅读创业计划的其他内容。反之，创业计划很可能被丢弃。因此财务估计必须尽可能真实，不要编造财务数据，特别是不要做一些不切合实际的估计，这样会让潜在的投资者和借款人拒绝该创业计划。财务数据既要符合一般的市场状况，也要符合创业计划中提到的实际情况。

（一）资金来源与使用

这部分是创业启动成本的数字化表现，以及用语言描述的资本要求。这部分需要说明期望的资金来源和如何使用资金。尽可能地列出完整、详细的成本清单是非常关键的。

（二）现金流量表

现金流量表所表达的是在3～5年间，新创企业的现金增减变动情形。现金流量表的出现，主要是要反映出资产负债表中各个项目对现金流量的影响，并根据其用途划分为经营、投资及融资三个活动分类。现金流量表有助于投资者分析该项目的财务潜力和风险。

（三）资产负债表

资产负债表将表示新创企业在3～5年内的财务状况。资产负债表利用会计平衡原理，将合乎会计原则的资产、负债、股东权益交易科目分为"资产"和"负债及股东权益"两大区块，在经过分录、转账、分类账、试算、调整等会计程序后，以特定日期的静态企业情况为基准，浓缩成一张报表。其报表功用除了企业内部除错、调整经营方向、阻止弊端外，还可让投资者在最短时间内了解企业经营状况。

（四）利润表

利润表是反映新创企业在3～5年内生产经营成果的会计报表。一般新创企业在创业初期的几个月至几年内都会是亏损状态，这主要取决于企业的类型。创业初期企业出现亏损是正常的，但是必须将企业亏损和企业标准相比较。创业计划利润表的编写必须显示最准确的估计，且计划应该建立在详细的销售、定价、成本及其他数据基础上，这有助于把企业收入最好情况、最差情况和期望情况展示给投资者。

（五）盈亏平衡分析

盈亏平衡分析是通过盈亏平衡点分析项目成本与收益的平衡关系的一种方法。各种不确定因素，如投资、成本、销售量、产品价格、项目寿命期的变化会影响投资方案的经济效果。当这些因素的变化达到某一临界值时，就会影响方案的取舍。盈亏平衡分析的目的就是找出这种临界值，即盈亏平衡点，让投资者判断投资方案对不确定因素变化的承受能力，为决策提供依据。

盈亏平衡点 = 固定成本/单位毛利

（六）比率分析

比率分析是利用新创企业的财务信息，预测它能不能达成未来的利润预估值。分析包括资产负债表项目和利润表项目之间的比率，它们常常能对衡量初创企业的风险水平、创造利润的能力等方面提供独特的视角。

（七）财务风险

财务风险是指初创公司因财务结构不合理、融资不当，使公司可能丧失偿债能力而导致投资者预期收益下降的风险。财务风险是初创企业在财务管理过程中必须面对的一个现实问题，创业者只能采取有效措施来降低风险，而不可能完全消除风险。财务风险防范措施通常有：

（1）建立财务预警分析指标体系；
（2）建立短期财务预警系统；
（3）确立财务分析指标体系；
（4）树立风险意识，健全内控程序，降低或有负债的潜在风险。

九、融资与退出

（一）创业融资策略

创业计划应该根据创业财务计划说明资金需求。无论数额多少，都应该清楚地说明资金数额，然后说明融资的种类及要求。创业融资是个谈判的过程，需要创业者精心组织这部分内容，写明希望的融资条款，若需要出让部分股权或者寻找合作伙伴，可以找法律顾问，制定一份合适的协议。

（二）创业退出策略

退出策略是创业计划中的一项重要内容，它包括产业退出、市场退出、股权退出等。退出策略的时机选择、方式选择需要科学性和艺术性，尤其需要专业的分析方法和工具。对于科技型创业企业的创业者而言，主要有三种退出方式：

一是首次公开上市（IPO），此方式所占比例最小，难度最大；二是转售，转售就是创业者将所持股份卖给另外的投资者；三是被收购，科技型创业企业可以选择在公司的未来投资收益的现值比公司的市场价值高时把公司出售给收购者。

应注意的是转售和被收购有所区别，转售是部分产权的转移，被收购则是全部产权的让渡。对于非科技型创业企业，其退出方式则更为广泛。

第五节　创业计划的推介

　　创业计划书准备就绪后，接下来的任务是将创业计划推介、展示给投资者或者创业投资协会、论坛及公司。

　　创业计划展示前需要仔细斟酌，一般需要作好预先演练，这样才能表现出专业水准。创业者展示时可以采用概述性陈述方法，重点突出那些吸引投资者兴趣的地方。一般的创业计划展示会被限制在 5～20 分钟时间内，而点睛之笔应该限制在 15～30 秒。一般整个创业计划书浓缩成精华的几句话比面面俱到的展示更具挑战性。投资者对于创业计划的评价是挑剔的。风险资金的投入迫使投资者进行谨慎的评估，因此创业者需要有面对挑剔、多疑、拒绝的准备和勇气。

　　时间：准时、按时开始。合理安排时间，提高时间使用效率。

　　观众：了解你所面对的观众并相应调整你的展示，与观众建立互信的关系。

　　展示风格：着装得体并保持职业化的行事方式。充满热情，但不做作、傲慢。使用正确的语言和语调。

　　展示内容：设计一个"诱饵"快速吸引观众。抓住关键但不要过多讨论细节。突出重点简明扼要。同时避免使用专业技术术语及缩略语，使用视觉带助以强化所传递的信息吸引观众注意。强调机合收益，这样观众才会完全理解结束展示时要向观众致谢。

　　后续工作：估计并准备回答问题。回答问题要深思熟虑，态度积极。争取让每一个观众对你的目标感兴趣。

第六节　案例讨论：创业计划书分析

易物流项目创业计划书

一、业务

　　该创业计划书以物流企业需求为依托，通过手机配货及运单（定位）管理系统，打造一个"一大平台，两大客户端，多样移动终端"的立体式服务，实现物流交易与管理平台（网站运营平台＋移动终端服务＋客户客服中心）融合。从用户"最需要的服务"（配货、调车、货运跟踪等）着手，整合、丰富用户相关"刚性需求"（停车、加油、维修、保险等）；用最简单、最好用的技术工具，实现最合适、最实惠的产品服务（如配货通、定位通、运单通等）。

（1）对用户来说，提供了一个面向传统货运行业超实惠、超好用的货运跟踪管理工具。它实现了传统货运行业运单管理的标准化、统一性和连贯性，有着很强的易用性、实用性和通用性。解决了以往运单管理使用成本高、操作难和小众化的问题。

（2）对企业来说，通过易物流运单管理，打通卖家、物流公司、货车车主司机、买家之间的联系，可以增强用户对易物流平台及工具的依赖，带动易物流其他业务的快速增长。

二、行业分析

（一）行业概况

物流业是一个古老的行业，也是一个不可或缺的朝阳行业。发展至今，物流业成为了融合运输业、仓储业、货代业和信息业等的复合型服务产业，是国民经济的重要组成部分，在增强企业乃至国民经济竞争力等方面发挥着重要作用。中国物流业的市场空间巨大，未来物流业将以每年20%的速度增长，全国社会物流总额年超100万亿元，全国社会物流总费用年超8万亿元。同时，中国物流行业的总体水平依然偏低，与发达国家物流总成本占GDP比例10%左右的水平相比，我国18.1%占比依然有待提高。

目前国内货车在2 000万辆以上，其中长途运输车辆约为900万辆，5吨以上运货车辆约为1 200万车辆。按每辆车2人计，车主及司机在1 800万人以上，目前国内工商注册的物流公司（货运信息部和专线公司、第三方物流公司）约为100万户，其中业务员、采购员、管理人员等从业人员按每户10人计，即有1 000万人。可以预见，上述2 800万人均是易物流直接的推广对象，也是易物流手机客户端的潜在用户。更为广大的厂商货主，则是易物流的需方服务对象和收益基础，也是吸引车主、物流商的基础。面对这个万亿级的物流盛宴，我们该如何分享？在经济运行质量提升，物流费用成本下降的大趋势下，传统的、粗放的、散乱的物流经营管理方式已经难以适应新的发展需要。可见，只有具备和运用现代物流绿色理念与方法的组织才能在这个盛宴中分得更大的蛋糕。

（二）行业地位

现代物流业地位显著，为了大力扶持和发展物流业，国家及地方政府政策措施频出。

（1）2009年3月，国务院将现代物流行业纳入我国十大振兴行业之一。

（2）2010年下半年开始，有关部门一直在编制《国内贸易发展十二五规划》，这项规划被上升为国家级专项发展规划，首次从国家的角度关注内贸流通业的发展。这一规划有望对发展我国流通产业，降低全社会物流成本产生巨大的积极效应。

（3）2011年3月，商务部、发展改革委、供销总社印发《商贸物流发展专项规划》，要求各地要完善商贸物流网络布局，加强商贸物流基础设施建设，完善应急物流运行机制，提高商贸物流专业化、一体化服务水平。其中特别提出，要引导和鼓励商贸物流模式创新，加快物流电子交易平台建设，在中心城市引导建立一批以网络平台为依托、以第三方物流服务为主体，集信息发布、交易结算、跟踪、信用评价等功能于一体的网络物流资源交易中心，促进传统、分散的中小企业物流服务模式变革。

（4）2011年，为解决"物流顽症"，国务院召开常务会议，再次提出八条配套政策措施，以促进物流业健康发展。其中之一就是要推进物流技术创新和应用，加强物流新技术自主研发，加快先进物流设备研制，制定和推广物流标准，适时启动物联网的应用示范，推进物流信息资源开放共享。

（5）各地政府也把现代物流业作为重点产业甚至作为支柱产业进行扶持。

三、市场分析

（一）目标市场

项目致力于为中国物流产业中（尤其是公路运输）广大的货运车主、物流企业以及厂商货主等用户提供更便捷、更安全更及时、更实惠的物流交易及管理服务，并由此发展到供应链管理服务。通过物流技术及服务模式的创新及应用，为中国物流业解决了三大方面的问题：为客户带来物流商机；为用户降低物流管理成本；为社会提高了物流运行效率。易物流项目的目标客户和推广对象主要面向以公路货运为主的从业人员及公司单位，包括四大群体：货车车主或司机、物流公司及从业者、直接厂商货主、相关管理部门。

（二）市场细分及定位

首先，突出物流技术服务提供商。中国领先的物流技术服务提供商是包括信息及管理系统平台建设、移动终端设备定制等在内的物联网技术研发与应用服务。

其次，突出综合物流信息服务提供商。中国领先的综合物流信息服务提供商提供包括配货找车信息、道路交通信息、位置管理信息、商务服务信息等。

最后，突出供应链管理服务提供商。中国领先的供应链管理服务提供商提供包括采购、储运、分销、支付等在内的一体化产业链服务。

四、市场策略

（一）市场策略分为两个阶段

第一阶段，以易物流网为中心，打造中国最大的车源库、货运专线库、物流公司库、最专业的车辆管理平台、货运管理平台、在线货运交易平台，并结合线下连锁化的多种有效服务，打造一个国内最具实效的物流交易与管理服务平台。

第二阶段，成为中国领先的包括物流金融与仓储配送以及采购分销在内的一体化综合物流服务（供应链管理服务）。

（二）定价

会员类服务产品：包括配货通会员、定位通会员、诚运通会员、诚信联盟会员等。其中配货通、定位通会员用户是基础，也是重点，后两者是享有更多服务的高级易物流会员。

A. 配货通会员收费标准：780 元/年
B. 定位通会员收费标准：780 元/年
C. 诚运通会员收费标准：2 880 元/年
D. 诚信联盟会员收费标准：按佣金分成

（三）宣传

通过以下手段进行宣传：

（1）线上线下进行宣传；

（2）通过各地的物流协会开展行业论坛；
（3）通过电视广告、物流杂志宣传。

（四）地点

全国各地物流中心基地等。

五、产品及服务

易物流项目的产品主要来源于两大类，即配货信息服务和运单（定位）管理服务。同时也可提供货运代理，增值服务以及供应链管理服务。具体服务产品及收入来源如下：

（1）会员类服务产品：包括配货通会员、定位通会员、诚运通会员、诚信联盟会员等。其中配货通、定位通会员用户是基础，是重点，后两者是享有更多服务的高级易物流会员。

①配货通会员收费标准：780元/年，是指通过使用易物流网站平台及配货通手机客户端获得配货信息服务的会员。配货通手机客户端主要是面向车主或司机、物流公司或从业人员的货运交流与交易工具。它具有很强的便捷性、易用性，可解决货运行业上网条件差的问题。其具备定位和交流的功能，可以很好地发挥配货、车辆调度与管理以及货物跟踪的作用。易物流向使用该项服务的用户按年收取服务费。

②定位通会员收费标准：780元/年。是指通过使用定位通客户端（包括配货通客户端）获得定位管理服务的会员。主要是通过手机定位进行公司车辆定位管理和员工定位管理。它可以独立于配货通会员服务，也可以同时是配货通会员。

③诚运通会员收费标准：2 880元/年。是指针对第三方物流公司、物流专线公司以及货运信息部推出的高级会员服务。成为诚运通会员后，即可享受由易物流网+分站+子站提供的网络商铺、排名推荐、广告推广、赠送货运手机等诚运通会员特有的推广与配货服务。

④诚信联盟会员收费标准：按佣金分成。即诚信车主或专线联盟会员，是易物流针对核心的、活跃的车主或专线会员推出的高级服务品牌。具体来说，一方面加盟的车主或专线要保证自己经营的线路货运运价有优势，服务质量有保障，并缴纳一定的保证金；另一方面，易物流借助自己强大的平台推广加盟者，并给予一定的货源业务保证。对易物流而言，建立诚信车主或专线联盟，是打造诚信、安全、实惠的货运交易与管理平台的一大亮点和优质会员服务。

（2）其他类服务产品：是指会员类基本服务外的其他所有相关服务，包括运单管理，货运代理，增值业务（系统平台及终端定制、定向广告、车辆挂靠、代收货款、保险业务等），城市加盟，供应链管理服务等。

①运单管理：一个面向传统货运行业超实惠、超好用的货运跟踪管理应用工具。它实现了传统货运行业运单管理的标准化、统一性和连贯性，有着很强的易用性、实用性和通用性，解决了以往运单管理使用成本高、操作难和小众化的问题。

②货运代理：借助易物流遍布全国的加盟网点以及未来的仓储中心，为货主提供一站式的货运代理服务。它具有一般第三方物流公司或专线公司难以形成的规模经营。易物流的货运代理服务既是协助各代理加盟商或会员利用易物流这个大品牌去获取更大的货运代理业务，也为各代理加盟商或会员直接带来货运客户。

③增值业务：包括系统平台及终端定制、语音套餐、定向广告、车辆挂靠、代收货款、

保险业务等。其中，系统平台及终端定制是易物流为针对行业用户搭建并可与易物流平台对接的行业应用工具；代收货款、保险业务等易物流项目做到一定基础后，是完全可以独立做大规模的服务项目。

④城市加盟：即城市分站和站点加盟，是易物流项目运营当中最核心的部分之一，是实现会员服务推广和配货服务的关键点。通过代理加盟，易物流将在全国范围内建立一个以中心城市、省会城市以及地级城市为主的易物流××城市配货中心（站）。它的职能及业务是：会员推广业务；本地配货业务；多种增值服务。合作加盟本身既是一种产品，同时也是推广上述产品服务的方式。

⑤供应链管理：深度介入多个行业上下游产业链，为供应商提供包括采购、仓储、运输、分销、支付等在内的一条龙服务。

六、营运计划

在未来的发展中，易物流项目分两阶段目标。

第一阶段（2012~2014年）：以易物流网为中心，打造一个国内最具实效的物流交易与管理服务平台。

在实现此阶段目标过程中，手机配货网将成为行业最大的配货信息发布与交易平台；网上货车场将成为行业最大的电子化货运车辆调度与管理平台；物流位置网则将成为行业最大的以位置信息为中心的服务导航、监管调度与运单跟踪平台（通过自身定位管理应用推广及整合各企业级、地方级定位管理平台）。此外，物流招商网将成为国内最大的厂商货主发布物流招标信息和物流企业（包括第三方物流、快递公司、物流园区）发布招商信息的专业推广平台；专线大本营将成为国内最大的陆运、空运、海运专线及报价信息发布与查询平台。

最终将通过领先的"一大信息平台＋两大客户端＋多种移动终端"应用工具占领中国物流业（公路运输）20%以上的市场份额。即达到50万个注册会员，登记车辆200万辆以上，可定位监控车辆达100万辆以上。

第二阶段（2015~2017年）：成为中国领先的包括物流金融与仓储配送以及采购分销在内的一体化综合物流服务（供应链管理服务）连锁机构。

在整个项目发展过程中，易物流有三大关键点要把握住：一是在物流行业物联网技术的应用上要做先行者和领导者；二是要顺应发展大势，整合行业及政府资源，突破关门做事格局；三是要借助资本市场的力量，实现跨越发展。